Verweilen
Momente des Erzählens

Bibliografische Information durch die Deutsche Nationalbibliothek: Die Deutsche Nationalbibliothek verzeichnet diese Publikation in der Deutschen Nationalbibliografie; detaillierte bibliografische Daten sind im Internet über http://dnb.d-nb.de abrufbar.

Originalausgabe Januar 2022 – 1. Auflage
Pohlmann Verlag
Alle Rechte bei Petra Kroner
Coverfoto von Petra Kroner
Coverdesign: Andreas Wieckowski (andwiec@gmail.com)
© Gesamtherstellung: Pohlmann Verlag, 49196 Bad Laer
www.pohlmann-verlag.de

ISBN 978-3-948552-31-2

Petra Kroner

Verweilen
Momente des Erzählens

Pohlmann Verlag

Für meine Eltern

in Liebe und Dankbarkeit

Die Autorin dankt den Schriftstellerinnen

Sigrid Gross
für viele Anregungen

und

Angela Neumann
für ihr konstruktives Lektorat

Inhaltsverzeichnis

Der Mann an der Bushaltestelle 9

Mrs Butterfly 13

Aufbruchstimmung 17

Goethes Nase 22

Blue Lady 25

Lauf nicht immer weg, Jakob! 29

Rocco 33

Ja, bin ich denn noch zu retten? 36

Wo ist Mona? 43

Es wird wohl nichts werden mit den Eierpfannkuchen 48

Mr Wonderful 54

Eine etwas andere Fahrt 58

Entdeckungen 61

Siegfried und der Drache 66

Glück gehabt 72

Herr der Frösche 77

Ein Kater muss tun, was ein Kater tun muss 82

My Home is my Castle 86

Treffpunkt Bahnhof 88

Madonna, hilf! 93

Spring doch endlich, du Feigling! 96

Das Aquarell 100

Tante Ernas Intimsphäre 107

Lass uns einen Schneemann bauen!	111
Detektivbüro Berger und Burghard	114
Monet lässt grüßen	119
Wer angibt, hat mehr vom Leben	123
Hexe gegen Esel	129
Der Weltenbummler	134
Für Geld mache ich alles	137
Lebensphilosophie	142
Ruperts Geheimnis	146
Dahinter sehen	152
Teuflische Spiegeleien	158
Dornröschen schlafe 100 Jahr'!	168
Beelzebub	174

Der Mann an der Bushaltestelle

Dagobert bewegte sich scheinbar wie in Zeitlupe auf die Haltestelle zu. Es fehlten noch genau zwei Minuten, dann würde der Bus herandonnern, Fahrgäste aus- und einsteigen und er hätte wieder die traurige Gewissheit, dass ein weiterer Tag sinnlos vertan war.

So ging das schon seit acht Monaten. Er kam, saß im Wartehäuschen, schlenderte die zehn Meter zum Bus, schaute beim Fahrer hinein, nickte ihm zu und ging dann zu den anderen Türen und schließlich zurück zur überdachten Haltestelle, viermal am Tag: um 8 Uhr, um 10 Uhr, um 12 Uhr und um 16 Uhr. Genauso häufig wie die Busse verkehrten und dies täglich. Weder Regen noch Schneefall oder extreme Hitze hielten ihn davon ab. In einer alten Aktentasche warteten eine Thermoskanne mit Zitronentee und ein belegtes Wurstbrot darauf, dass der alte Mann sich ihrer erinnerte.

Manchmal erbarmte sich jemand und plauderte mit ihm, aber den meisten, die seine Geschichte kannten, war seine Trauer peinlich. So verhielt man sich einfach nicht. Und dann noch diese gramgebeugten Schultern, als ob er alles Leid dieser Welt zu tragen hätte. Man ging ihm besser aus dem Weg. Selbst Josef, der Busfahrer, der Dagobert schon seit gefühlten 100 Jahren kannte, schaute weg, wenn er von Ferne das hoffnungsvolle Gesicht sah, das sich innerhalb weniger Sekunden verschloss und den Riegel erst dann wieder zurückschob, wenn der nächste Bus in die Haltebucht fuhr.

Irgendwann würde der Alte zusammenbrechen. Eigentlich sollte er zu Hause sein, gemütlich die Zeitung lesen und seinem Hund den Kopf kraulen, so wie er es jahrelang gemacht hatte, wäre da nur nicht dieser gottverdammte 3. Dezember gewesen.

Wie jeden Tag waren Dagobert und sein geliebter Mischlingshund Mecki durch die Felder marschiert und zufällig zu eben genau dieser Zeit an der Haltestelle gelandet, als der Bus die Türen öffnete. Weiß der Teufel, warum den sonst so folgsamen Mecki plötzlich die Abenteuerlust überkam und er, kurz bevor die Türen schlossen, in den Bus hineinschoss, als sei er hinter der Nachbarkatze her.

Niemand hörte die verzweifelten Schreie Dagoberts oder bemerkte die Gestalt, die versuchte hinterher zu rennen. Das war das letzte Mal, dass er Mecki sah. Der Bursche musste irgendwo ausgestiegen sein und sich auf Nimmerwiedersehen verkrümelt haben. Dagobert war untröstlich. Alle Versuche, seinen besten und einzigen Freund zu finden, verliefen im Sande. So blieb ihm nichts Anderes übrig, als an den Ort zurück zu kehren, wo die Tragödie begonnen hatte. Aus Tagen wurden Wochen, aus Wochen Monate.

Mecki war sein Lebensinhalt gewesen. Für seinen Liebling war ihm nichts zu viel, kein Weg zu weit, keine Anstrengung zu groß. Der Hund hatte ihn zum Lachen gebracht, ihm das Gefühl vermittelt, gebraucht zu werden, wichtig zu sein. Jetzt war er nur noch ein einsamer Greis, dessen Nahrung die lächerliche Hoffnung auf Meckis Rückkehr war, der abends meist die ungeöffnete Aktentasche wieder nach Hause schleppte, abgemagert, mit eingefallenen Wangen und schlotternden Hosen und am nächsten Morgen erneut auf den ersten Bus wartete.

Josef hatte lange mit sich gekämpft, ob ihn das Ganze überhaupt etwas anginge. Er war ein einfacher Mann, der eigentlich weder die Zeit noch die Kraft besaß, sich mit Problemen anderer Leute zu beschäftigen. Seine familiäre Situation mit einer kränkelnden Frau und drei Kindern, mit einem alten Vater, um den er sich kümmern und einen Schrebergarten, der bewirtschaftet werden musste, um finanziell über die Runden zu kommen, ließen wenig Spielraum für edle Taten. Aber irgendwie fühlte er sich mitschuldig, da Mecki in seinem Bus mitgefahren und von dort verschwunden war, ohne dass er das Tier bemerkt hatte. Geschichten von Hunden, die ihrem verstorbenen Herrchen nachtrauern und immer wieder bestimmte Plätze aufsuchen, die sie mit ihrem Besitzer in Verbindung bringen, waren ja hinlänglich bekannt, aber nicht der umgekehrte Fall.

Wie also sollte er Dagobert helfen? Er musste handeln, aber was tun? Der traurige Alte würde vor Kummer eingehen wie die Linde am Friedhof, um die sich niemand gekümmert und ihr ordentliche Mengen an Wasser auf ihren zubetonierten Fuß gegossen hatte. Ganz elend stand sie jetzt da, ihrer Schönheit, Würde und wahrscheinlich auch ihrer Lebenskraft beraubt.

Einige Tage später fuhr der vorletzte Bus wie immer pünktlich um 12 Uhr in die Haltenische, wo ihn außer Dagobert kein Fahrgast erwartete. Die Türen öffneten mit einem lauten Seufzer und aus der vorderen beim Fahrer sprang ein mittelgroßer Mischlingshund heraus, der vor der hageren Gestalt, die ihm den Weg versperrte, neugierig stehen blieb. Dagobert hielt seine rechte Hand hin und ließ das Tier daran riechen. Scheinbar hatte er die Prüfung bestanden, denn er konnte es ohne Probleme am Kopf und an den Ohren kraulen. Vielleicht war es auch der Geruch von Wurst, der noch an den zitternden Fingern haftete, da Dagobert heute ausnahmsweise einmal sein Brot aufgegessen hatte.

Bevor Josef die Türen schloss, rief er: „Der arme Kerl scheint aus Versehen bei mir gelandet zu sein. Er fährt schon den ganzen Tag mit mir herum. Was ist Dagobert, kannst du dich um ihn kümmern? Er hat keine Hundemarke und gehört vermutlich niemandem."

Er hätte sich diese Frage sparen können, denn das Lächeln auf dem Gesicht des Alten war Antwort genug. Während Josef davon rauschte, dachte er: *Ich muss der Elisabeth aus dem Tierheim morgen unbedingt einen dicken Blumenstrauß bringen.*

Im Rückspiegel sah er gerade noch, dass die beiden gemeinsam in Richtung der Felder liefen, an deren Ende Dagoberts Häuschen stand.

Ihm war, als ob sein Bus plötzlich Flügel hätte, so leicht und elegant wie dieser am Friedhof die Haltestelle anfuhr. Josefs Blick fiel auf die armselige Linde, die ihn umgehend auf die Erde zurückbrachte. Er nahm sich vor, jetzt öfter einen Kanister mit Wasser von zu Hause mitzunehmen. *Es wäre doch gelacht, wenn er nicht auch sie wieder zum Leben erwecken könnte.*

Mrs Butterfly

„Fahren Sie mit dem Aufzug in den 4.Stock, zweite Türe rechts, Zimmer 44. Dort finden Sie Mrs Warehouse. Sie wird Ihnen gefallen, unseren reizenden Schmetterling, Mrs Butterfly, wie wir sie nennen", lächelt Mrs Margate, eine äußerst imposante Matrone mit elegant frisiertem silbergrauem Haar und klassischem Tweed Kostüm. „Sie ist ein bisschen seltsam, nicht wirklich verrückt, eher harmlos, aber ein wenig exaltiert. Wenn Sie wissen, was ich meine?"

Natürlich begreife ich kein Wort von dem, was die freundliche Leiterin des *Old People's Home, des Seniorenheims,* mir eigentlich mitteilen will. Um Zeit zu gewinnen und meine Verwirrung in den Griff zu bekommen, lasse ich den Lift links liegen und benutze die Treppe.

Hochwürden ist schuld daran, dass ich mich hier in diesem seltsamen Gemäuer befinde, wo es säuerlich nach Essen, Ungelüftetsein, Putzmitteln, Alter und Einsamkeit riecht. Unser Pfarrer hat mich überredet, künftig eine Bewohnerin, welche keinerlei Verwandte oder Bekannte hat, einmal pro Woche aufzusuchen, *um mit ihr bei einer Tasse guten starken Tees nett über die Vergangenheit zu plaudern,* wie er es nennt.

Nun gut, zugegeben, ich habe Leerlauf in meinem Leben, besonders, seit die Kinder aus dem Haus sind. Aber ich hätte mir doch eher eine Gesprächspartnerin gewünscht, bei der kein Schräubchen locker ist. Entmutigt und vom Treppensteigen leicht schnaufend, klopfe ich an. Ein mit heller Stimme gezwitschertes *Come in*! zieht mich hinein. In einem ausladenden, mächtigen Sessel sitzt tatsächlich ein kleiner Schmetterling, eine Mrs Butterfly. Runde, schwarze Augen in einem feinen, hübschen, aber runzeligen Gesicht, umrahmt von einem dunkel gefärbten Pagenkopf, starren mich neugierig an. Das zierliche Persönchen, das in einem aufwendig gearbeiteten zartgelben Chiffonkleid mit weiten Ärmeln steckt, trippelt zur Begrüßung auf mich zu und flattert mit den Flügeln, um die Balance zu halten. Es wirkt wie ein lieblicher tanzender Zitronenfalter, der sich aufgeregt einer vielversprechenden, nach Nektar duftenden Blüte nähert. Ein Tablett mit Teegebäck, Tassen und eine dickbauchige Wärmekanne signalisieren mir, Hochwürden hat mich bereits angekündigt.

Wider Erwarten langweile ich mich nicht eine Minute. Mrs Warehouse ist in der Tat atemberaubend. Ohne Luft zu holen, vibrierend vor Freude, sich unterhalten zu können, schwirrt sie unermüdlich in ihrem gemütlichen überladenen Reich umher, Bilder aus Schubladen ziehend, an Plätzchen knabbernd, Fotoalben herbeischleppend, Tee und Likör einschenkend.

„Ich habe jung geheiratet, einen ungemein stattlichen Mann", schwärmt Mrs Butterfly, während sie zu einer geschnitzten Kommode tänzelt, um eine verblichene Fotografie, Silber gerahmt, zu holen, die einen rotblonden vierschrötigen Mann mit langem Pferdegesicht zeigt.

„Wir wohnten damals in der Grafschaft Kent in einem prächtigen Herrenhaus mit zahlreichen Nebengebäuden inmitten eines weitläufigen Parks", spinnt sie ihren Faden weiter. „Zu dieser Zeit gab es in der Bekleidungsindustrie noch keine Kunststoffe und so verdiente Henry viel Geld mit seinen Seidenraupen. Wie Sie sicher wissen, verpuppen sich die Raupen der Maulbeerspinner, die dann zur Seidengewinnung in heißem Wasser getötet werden. Erst danach können die Fäden abgewickelt werden."

Dunkel erinnere ich mich daran, dass Miss Presley, meine ehemalige Biologielehrerin, eingeweichte Kokons mitgebracht und schwitzend versucht hatte, daraus einen Seidenfaden hervorzuzaubern, während wir Schüler gnadenlos im Hintergrund lärmten.

„Diese Tätigkeiten und die Weiterverarbeitung wurden von Frauen aus dem Dorf erledigt. Mein Mann war der größte Arbeitgeber weit und breit. Ich hatte damit allerdings wenig zu tun. Aber auch ich interessierte mich für Schmetterlinge, allerdings mehr für die farbenfrohe Spezies. Mein Liebster brachte mir von seinen Geschäftsreisen, die ihn vorwiegend nach Europa, Südamerika und gelegentlich auch nach Nordwestafrika führten, häufig zauberhafte Tagfalter mit. So vergrößerte sich allmählich meine Sammlung der heimischen und exotischen Arten. Ich informierte mich in wissenschaftlichen Büchern über die Lebensweise dieser herrlichen Geschöpfe. Weit über die Grenzen Kents hinaus, waren meine Schätze berühmt. Die Falter in den Schaukästen jedoch übertrafen an Schönheit die im Schmetterlingshaus, welches an die Spinnerei grenzte."

Als ich nicht gleich begreife, was sie meint, deutet meine Gastgeberin kichernd auf einen von mehreren in der Ecke hängenden Glaskästen, in denen sich aufgespießte Schwärmer befinden. Kein Wort des Mitleids ob der armen, durchbohrten Wesen kommt über ihre Lippen, als sie mich mit Insekten der verschiedensten Arten und ihrer Herkunftsländer vertraut macht.

„Mein Mann nannte mich nur *Beautiful Butterfly* und schenkte mir hinreißende Seidenkleider in den unglaublichsten Farben. Nichts war ihm zu teuer für seinen geliebten Schmetterling." Stolz öffnet Mrs Warehouse ihren Kleiderschrank und tatsächlich hängen dort ein Bläuling, ein Brombeer- und ein Silberfalter, ein Purpurbär, ein Gold- und ein Veilchenscheckfalter neben einem Braun- und Pfauenauge und vieles mehr, das mir trotz Miss Presleys Bemühungen unbekannt ist. „Doch dann an unserem 32. Hochzeitstag, ich hatte ein Festmahl für uns vorbereitet und trug mein schönstes Kleid, …" Sie dreht sich schwankend um die eigene Achse, lässt dann plötzlich traurig ihre Flügel hängen und sackt kraftlos in sich zusammen. „… An unserem 32. Hochzeitstag eröffnete mir Henry ohne große Umschweife, er wünsche die Scheidung und beabsichtige Molly Flagherty, diesen blässlichen, nichtssagenden Kohlweißling zu heiraten. Sie war erst seit kurzem als Sekretärin für uns tätig und, obwohl sie jung war, hatte ich in ihr keine Konkurrenz vermutet. Mir war plötzlich klar, wenn dieser verliebte Narr mich verließe, würde ich alles verlieren, was mein Leben lebenswert machte."

„Und, was haben Sie dagegen unternommen?", frage ich gespannt.

Die zusammengesunkene Gestalt strafft sich und ein grausames Lächeln überzieht ihr Gesicht. „Was ich dagegen unternommen habe? „Nun, ganz einfach, ich ergriff einen von Henrys Spazierstöcken, die in einem Lederbehälter neben dem Kamin standen, und zwar den mit dem gedrehten Widderhorngriff, zog den darin verborgenen Degen heraus und spießte meinen Liebsten wie einen Schmetterling auf", ergänzt sie sachlich und leidenschaftslos.

Während ich hastig und geschockt aus dem Zimmer und dann die Treppen hinuntereile, ruft sie lautstark und fröhlich hinter mir her: „Aufgespießt wie einen Schmetterling!"

Mrs Margate, die ich beinahe umrenne, interessiert sich freundlich dafür, ob ich das Teestündchen genossen habe und meint, ohne meine Antwort abzuwarten: „Es ist schön, dass Mrs Butterfly durch Sie ein wenig Aufmunterung erfährt. Die Scheidung von ihrem Mann vor vielen Jahren hat ihr doch arg zugesetzt. So richtig hat sich die Arme wohl nie mehr davon erholt."

Aufbruchstimmung

Eigentlich war Hans-Dieter heute auf den Tag genau seit 15 Jahren verheiratet, wenn auch Martha, seine Frau, ganz bestimmt nicht daran denken würde. Sie dachte niemals an irgendetwas, sondern meinte stets hinterher, wenn der Markt verlaufen war: „Ach, ja? Wie doch die Zeit vergeht", und sammelte Fussel vom Teppichboden auf.

Ausgerechnet zu diesem Zeitpunkt hatte seine Firma ihn und neun andere Mitarbeiter zu einem Wochenend-Weiterbildungskurs eingeladen. Hans-Dieter wagte es nicht, dieses besondere Ereignis, nämlich seinem 15. Hochzeitstag zu ignorieren. Obwohl Martha auf die meisten Situationen nur mit gleichgültigem Achselzucken reagierte, konnte sie sich von jetzt auf nachher in einen explodierenden Dampfkochtopf verwandeln. Es war durchaus möglich, dass sie fauchend wie eine Katze, der man auf den Schwanz tritt, auf seine Abwesenheit reagierte oder aber diese gelangweilt hinnahm.

Wie auch immer, sein Berufsleben ging natürlich vor und er musste deshalb in die Rolle des hoch motivierten Angestellten schlüpfen und begeistert zustimmen, da eine solche Aufforderung durch die Geschäftsleitung einem Ritterschlag gleichkam. Trotzdem kostete ihn der Zwiespalt zwischen den beiden Pflichten, Hochzeitstag und Beruf, am Tagungsort viel Kraft und Konzentration. Er bemühte sich, an der richtigen Stelle zustimmend zu nicken, bei Problemdarstellungen die Stirne in sorgenvolle Falten zu legen, über uralte Witze seines Chefs herzlich zu lachen und darauf zu achten, in den Kaffeepausen nicht gerade die Lieblingsschnittchen des Firmenbesitzers, nämlich die mit Lachs und

Ei, gedankenlos wegzuessen. Auf der Heimfahrt am frühen Abend fühlte sich Hans-Dieter wie ein Marathonläufer nach einem Wettkampf und freute sich auf ein Nickerchen, aber die gnadenlos fröhlichen Damen, mit denen er zwangsweise im gleichen Zugabteil saß, da jetzt in der Urlaubszeit alles überfüllt war, gefielen sich darin, ihre albernen Bemerkungen mit kreischenden Lachsalven zu umrahmen. Trotz der Lärmbelästigung schloss er die Augen und stellte sich einfach tot.

Eine stark geschminkte unechte Blondine, wie Hans-Dieter mit Kennerblick durch seine Augenschlitze feststellte, begann kichernd: „Also, Miriam hat das toll auf die Reihe gekriegt."

Seine gequälten Ohren, die er leider nicht schließen konnte, vernahmen die Fortsetzung: „Gut, mein Lieber", sagte sie zu ihrem Mann, „du kannst die Scheidung bekommen und dein blondes Flittchen heiraten, aber das wird teuer für dich." Jetzt geht es ihr natürlich phantastisch. Sie besitzt das Haus und die Ferienwohnung. Da könnte man direkt neidisch werden. Mit dem süßen dunkelhaarigen Tennistrainer, Ihr kennt ihn ja, kuschelt sie jetzt auf Wolke 7." Gackerndes Gelächter folgte. „Ja, so ein Neuanfang ist etwas Wundervolles, wie ein zweites Leben!", vollendete die Erzählerin sehnsuchtsvoll und die hingerissenen Zuhörerinnen reagierten mit tiefen Seufzern.

„Und Kathinka", plapperte ein grell pink geschminkter Mund, der zu einer molligen Brünetten gehörte, „hat ihrer Chefin den ganzen Kram vor die Füße geknallt und sich mit einem Kosmetik-Salon selbständig gemacht. Und ich brauche euch sicher nicht zu erzählen, wer das Ganze finanziert hat!"

Hans-Dieters linkes Auge, das sich vorsichtig geöffnet hatte, schloss sich hastig wieder, da er zum einen Bonbon farbene Kostüme hasste, besonders wenn darin üppige Frauen mit mächtigem Busen steckten, und zum anderen, weil er fürchtete, angesprochen zu werden. Der unfreiwillige Zuhörer, dessen Lauscher vom laut prustenden Gelächter schmerzten, flehte insgeheim seinen Schöpfer an, entweder diese grässlichen Weibsbilder augenblicklich mit Stummheit zu strafen oder wenigstens das Erreichen seines Reiseziels zu beschleunigen.

Ein vorsichtiges Linsen durch die dichten Wimpern des rechten Auges, machte ihm klar, er würde leider erfahren, wer der großzügige Sponsor von Kathinka Sowieso war, der Kosmetikerin, da sein Heimatort noch ein paar Bahnstationen entfernt lag. Der liebe Gott hatte dann doch irgendwann ein Einsehen mit dem Verzweifelten und ließ durch einen Lautsprecher endlich das gewünschte Städtchen ausrufen.

Da der Genervte noch nicht bereit war, sich der Gegenwart zu stellen, drehte er sich beim Aufstehen schnell um und spürte, wie sich drei Augenpaare in seinen Hinterkopf bohrten. Bejubelt von den Freundinnen, gab ihm die dritte der Damen noch eine Kostprobe ihrer Lebensphilosophie mit auf den Weg, indem sie kundtat, auch sie werde ihr Leben von Grund auf ändern. Die Zeit für einen Aufbruch sei gekommen.

Während das arme Opfer sein Köfferchen aus dem Gepäcknetz hob, fürchtete es den Moment der Konfrontation mit den drei Grazien. Und tatsächlich fragte die unechte Blondine neckisch: „Ich hoffe, wir haben Ihren Schlaf nicht mit unseren Plaudereien gestört?"

Der so Angesprochenen gab nur ein „Ich nix verstehen. Ich Türke ..." von sich und entschwand.

Auf dem Bahnsteig stellte Hans-Dieter fest, 15. Hochzeitstag hin oder her, seine Frau hatte wieder einmal vergessen, ihn abzuholen. Wahrscheinlich putzte sie zum zigsten Male das Haus von oben bis unten, staubte den Garten ab oder schnitt den Rasen mit der Nagelschere. Vermutlich brutzelte auch kein saftiger Braten anlässlich ihres Ehrentages im Bräter und er würde sich selber ein paar Brote schmieren müssen.

Neubeginn, wenn ich das schon höre. Das Schlimme ist, alles bleibt beim Alten, bis ich tot umfalle, dachte er bitter. Was interessierte es schon Martha, was ihr Ehemann fühlte, so lange er genug Geld nach Hause brachte. Wenn er von seiner Arbeit erzählte, stellte sie ihre Ohren auf Durchzug, verdrehte die Augen und griff nach dem Staubtuch.

Trotz allem kaufte er am Bahnhofskiosk 15 rote Rosen, obwohl er wusste, was Martha sagen würde: „Blumen? Die hab' ich im Garten. Im Wohnzimmer machen die doch nur Dreck und außerdem halten sie nicht lange. Dass Männer, das einfach nicht begreifen können!" Ein großer Kasten erlesenster Pralinen, immerhin waren sie 15 Jahre, allerdings gefühlte 100 Jahre, verheiratet, würde genauso mit Missachtung bedacht werden wie all die anderen Geschenke zuvor. Nur war die Lebenserwartung für das edle Naschwerk vermutlich auf maximal drei Tage beschränkt.

Endlich zu Hause angekommen, betrat er entmutigt die Küche und richtig, kein leckeres Essen stand auf dem Herd und keine freundliche Gattin in hübscher Kleidung begrüßte ihn.

Seine Katze strich ihm vorwurfsvoll um die Beine und miaute kläglich. Tatsächlich hatte Martha auch vergessen, seinem kleinen Liebling das Futterschälchen zu füllen und frisches Wasser zu geben. Zornig holte der Heimgekehrte beides nach und fand schließlich seine Frau, hoch oben auf einer Leiter stehend und die Dachrinne säubernd. Wie immer trug sie ihre Lieblingskleidung, eine grün-gefleckte Pumphose mit passendem Pulli, in der sie mit ihrem ausladenden Hinterteil und den dicken Oberschenkeln wie ein sprungbereiter Laubfrosch aussah, auf dem Kopf die am Sonntag unvermeidlichen Lockenwickler, aus denen große spitze Haarnadeln hervorschauten. Er hatte stets den Eindruck, seine Angetraute sei mit diesen *Antennen* in der Lage, Kontakt zu Außerirdischen aufzunehmen. Da stand sie nun, sein Weib, die Zierde seines Hauses, ein Albtraum in Grün, schwankte auf der wackeligen Leiter herum, um auch noch das letzte Schmutzkörnchen in der Dachrinne zu erwischen.

Gequält wollte Hans-Dieter seinen Augen dies nicht länger zumuten, als seine sensiblen Ohren Fürchterliches vernahmen. Über ihm sang Martha, deren unschöne Stimme ihren Körper noch an Unerträglichkeit übertraf, aus vollem Halse, lautstark und falsch: „Wenn ich ein Vöglein wär' und auch zwei Flügel hätt', flög ich zu dir ..."

Während Hans-Dieter zum wiederholten Male an diesem Tag den Wunsch verspürte, ein grässliches Wesen zum Schweigen zu bringen, schüttelte er heftig mit beiden Händen die Leiter und knurrte: „So, mein Vögelchen, jetzt kannst du fliegen!"

Als Martha oben mit grünem Flügelschlag allmählich das Gleichgewicht verlor und heruntersegelte, nicht ohne ein überraschtes „Aber Hans-Dieter, was machst du denn?" von sich zu geben, breitete sich auf dem Gesicht des Witwers in spe ein Lächeln der Erkenntnis aus. *Die alten gackernden Sumpfhühner im Zug hatten tatsächlich Recht: Jetzt war die Zeit für einen Neuanfang!*

Goethes Nase

Die schmale schwarz gekleidete Gestalt stand zögernd im Türrahmen und blickte ängstlich in das Halbdunkel des Raumes, an dessen Wänden unzählige Bücher in stabilen Regalen standen. Dazwischen, auf extra dafür frei gelassenen Flächen, blickten Büsten von Dichtern und Denkern auf kleinen Marmorsockeln der unerwünschten Besucherin überheblich und wissend in die rot geränderten Augen.

Oh ja, Hilmar hatte es gar nicht gerne gehabt, wenn ihn sein kleines Frauchen, wie er sie nannte, bei der Lektüre störte. Klein war sie für ihn nicht nur deshalb, weil sie ihm kaum bis zur Schulter reichte, sondern hauptsächlich, weil er meinte, ihre Intelligenz lasse zu wünschen übrig und dass sie nichts tue, um diesen Zustand zu ändern.

Irmtraud war in ein Meer von Trauer gestürzt, als sie erfuhr, dass ihr vollkommener Mann, der in ihren Augen nie etwas falsch machte, durch Unachtsamkeit in einen Bus gelaufen, mitgeschleift und noch an Ort und Stelle verstorben war. Nach der Beerdigung, als sie die Unwiederbringlichkeit begriff, steigerte sich ihre Verzweiflung, so dass sie tagelang kaum das Bett verlassen konnte. Die junge Witwe klagte, haderte und fragte sich weinend, wie sie ohne eine führende Hand in Zukunft leben sollte. An manchen Tagen, wenn das Selbstmitleid sie zu überfluten drohte, glaubte die Unglückliche, sie werde Hilmar bald in den Tod folgen.

Dann wieder malte sie sich sein schreckliches Ende in allen Einzelheiten aus und spürte körperliche Schmerzen an den Körperteilen, die der schwere Bus ihrem armen Ehemann zerschmettert hatte. Irgendwann siegten Lebenswille und Verstand. Irmtraud begriff, alles Mitgefühl mit dem Verstorbenen half weder ihm noch ihr und sie begann langsam die Leere, die sie wie eine zweite Haut umgab, abzustreifen und sich dem Alltag zuzuwenden. Erst als die Häutung endgültig vollzogen war und sie ihre Tränen als reinigend empfand, eroberte sie ihr Zuhause Stück für Stück zurück. Und heute hatte sie sich vorgenommen, Hilmars Heiligtum zu betreten, ihrem Mann dort nahe zu sein, seine Lieblinge, die Bücher, zu betrachten, die er stets mit der Zärtlichkeit berührte, die sie selbst nie erlebt hatte.

Im warmen Licht einer Leselampe beugte sich die dunkle verhärmte Gestalt über die zum Teil wertvoll gebundenen Bücher, oft Erstausgaben, die auf einem niedrigen Messingtisch neben einem ausladenden Sessel auf ihren Bewunderer zu warten schienen. Ehrfurchtsvoll nahm Irmtraud ein Goethe-Bändchen mit Liebesgedichten in die Hände und entdeckte darin einen parfümierten Brief, der scheinbar als Buchzeichen diente.

Liebster!
Der Freitagnachmittag mit Dir war, wie alle anderen davor,
beglückend! Ach, wie genieße ich es, in Deinen starken Armen
zu liegen und Deine Leidenschaft zu spüren!
In Liebe!
Deine S.

Hilmar hatte das zärtliche Schreiben wenige Tage vor seinem Tod erhalten. Während sie, sein vertrauensseliges kleines Frauchen, ihn auf der wöchentlichen Freitagslagebesprechung in der Firma wähnte, hatte sich der alte Lustmolch Dank seines Erfindungsreichtums eine Auszeit von ihr genommen und den wilden Hengst gespielt, während sie zu Hause seine Socken stopfte. Bei ihr klagte er dann über Rückenschmerzen und ließ sich mit diversen unangenehm riechenden Salben einreiben.

Die Betrogene zerfetzte den Liebesbrief, griff nach dem schmalen Goethe-Band, der direkt vor ihr lag, warf ihn kraftvoll mit einem tierischen Schrei quer durch den Raum und traf eine der Büsten zwischen die vorwurfsvollen Augen. Das edle Haupt geriet klappernd ins Schwanken, verlor sein Gleichgewicht und fiel krachend zu Boden. Neben Hilmar, dem ungetreuen Ehemann, war ein weiterer Gott vom Sockel gestoßen worden. Der Dichterfürst Goethe lag seitlich mit klaffender Hinterkopf-Wunde auf dem gepflegten Parkett und schaute sehnsuchtsvoll nach seiner Nase, von der ihn ein grausames Schicksal unverschuldet getrennt hatte. Oder sollte man besser sagen, ein zorniges Weib?

Irmtrauds Herz klopfte rachedurstig in ihrer Brust. Die Untreue ihres Mannes hatte sie zutiefst verletzt. Dem lebenden Hilmar konnte sie zwar nichts mehr antun, aber seinen Lieblingen, denen seine Zuneigung und Fürsorge gegolten hatte. Sie würde seine Schätze nicht verkaufen und somit verhindern, dass sie in die viel zitierten *guten Hände* eines anderen Bücherfreundes kamen. Grimmig schaute sie in die Runde. Selbst Schiller und Nietzsche schienen sich zu ducken, als die Rachegöttin Nemesis verkündete: „Der ganze Kram wird nach und nach rausgeworfen. Morgen kommt sowieso der Sperrmüll."

Blue Lady

Ich hatte gehofft, alleine sitzend, die zweistündige Bahnfahrt in Ruhe genießen und einen Krimi lesen zu können. Mit Wünschen ist es bekanntlich ja so eine Sache, sie gehen eher selten in Erfüllung. Das war mir sofort klar, als die Abteiltüre mit energischem Schwung geöffnete wurde und eine blau gekleidete Dame, Besitz ergreifend, auf den freien Fensterplatz zusteuerte.

Ich hätte meine Arbeitslosenunterstützung darauf verwetten wollen, gleich würde sie etwas Tadelndes von sich geben. Ich kannte diesen Typ Frau. Ich kannte ihn viel zu gut.

„Die Luft hier drinnen ist entsetzlich abgestanden. Ich werde jetzt umgehend das Fenster öffnen", hörte ich sie grimmig sagen. Dann lehnte sich das hellblaue Wesen so weit wie möglich aus der Öffnung, um zu zeigen, dass ihr Unzumutbares widerfuhr, tief durchatmend, mir ihr Hinterteil zustreckend.

Ach, es müsste eine Wonne sein, diese Blue Lady an ihren bestrumpften Beinen zu packen und aus dem Fenster zu heben, um zu sehen, wie die Schuhe in hohem Bogen in die vorbeiziehende Landschaft purzelten und sich das frische Grün der Wiesen mit dem Blau ihres Mantels mischte.

Wie hasst ich diesen Typ Frau und doch hatte ich mich seltsamer Weise in genau ein solches Geschöpf verliebt, damals vor vielen Jahren, kurz nach dem Studium, in meiner aufstrebenden bürgerlichen Zeit, wie ich es gerne nannte. Aber nie war es mir möglich gewesen, den Ansprüchen zu genügen, so sehr ich mich auch bemühte.

Nach einiger Zeit behandelte mich meine Eheliebste wie ein lästiges Insekt und ich begann zu schrumpfen. Jeden Tag ein bisschen mehr. Ich musste erfahren, dass ich ein lächerlicher Versager war. Vielleicht hatte sie aber auch Recht und mir war nur das passende Etikett auf die Stirne geklebt worden. Aber wo steht geschrieben, ein Mann dürfe nicht versagen und eine Witzfigur sein?

Nach unserer Trennung, bei der ich kräftig bluten musste, war ich um vieles ärmer, um Träume, Selbstvertrauen und das Ersparte. Der Weg nach unten war rasch beschritten. Trotzdem fühlte ich mich endlich frei. Und jetzt war mein Albtraum zurückgekehrt, stand mir gegenüber, schälte sich aus blauen Hüllen, um weitere blaue zu gebären. Abschätzend durchbohrte mich ihr Blick, fiel auf den Titel meines Kriminalromans *Der Frauenmörder von St. Hildegard* und dann auf meine schäbigen Klamotten und die abgetretenen Schuhe, die einsam unter meinem Sitz standen. Die Tatsache, dass sich einer meiner großen Zehen neugierig durch die Socke bohrte, gab meiner Richterin den Rest. Ein missbilligendes Schnauben signalisierte mir, das Urteil war gefällt: *Versager, Versager, Versager!*

Zwar hatte ich an diesem Tag noch nichts Gescheites gegessen, aber es konnte nicht schaden, den Speisewagen aufzusuchen, in dem es auch eine kleine Bar gab. Bevor meine Mitfahrerin ihren Gedanken in irgendeiner Form verbal Ausdruck verleihen würde, hielt ich es für das Beste, das zu tun, was ich wirklich gut konnte, nämlich die Flucht zu ergreifen und etwas trinken zu gehen. Ein Cocktail wäre nicht schlecht. Vielleicht kannte der Barkeeper das Rezept für *Blue Lady*.

Auf meine Frage bekam ich natürlich keine Antwort. Ein solches Sakrileg konnte nur mit hochgezogenen Augenbrauen und dem Griff nach den gängigen Zutaten, vor allem nach *Blue Curacao,* beantwortet werden. Schließlich fragt man auch keinen Arzt, ob er zufällig ein Mittel gegen Kopfschmerzen kenne. Die leise Musik in der Bar und die Tatsache, dass niemand meine Gedankengänge störte und mich bereits der dritte Cocktail friedlich stimmte, ließ meine Augenlider schwer werden.

Dank meiner Schwester, die mich eingeladen und mir reichlich Geld geschickt hatte, konnte ich mir diesen Luxus erlauben. Ich schwebte durch blaue Räume, um mich herum nur Leichtigkeit. Ich war ein Vogel, mit prächtigem Gefieder, der zu den anderen flog, die bereits auf ihn warteten. Ich war einer von ihnen. Ich gehörte dazu. Endlich! Nur noch einen Flügelschlag entfernt.

Plötzlich spürte ich die Wärme eines menschlichen Körpers, eine vorsichtige Berührung und sah in vorwurfsvolle blaue Augen. „Mein Herr, darf ich Ihnen noch etwas servieren? Eine *Blue Lady* vielleicht? Ich werde gleich abgelöst und würde Ihnen gerne die Rechnung bringen, wenn Sie gestatten."

Ich fühlte mich wie ein Mensch nach einer Nahtod-Erfahrung, der bereits mit einem Fuß im Jenseits steht, sich befreit und glücklich fühlt, dann aber durch ärztliche Kunst ins kalte Hier und Jetzt zurück gezerrt wird. Wortlos warf ich ein paar Scheine hin und hastete hinaus. Nur weg. Was hatte ich an mir, dass jeder glaubte, ich sei ein Niemand? Selbst ein lächerlicher kleiner Barkeeper hielt sich für etwas Besseres. Von dieser Person, welche die Ursache meiner Flucht aus dem Abteil war, gar nicht zu reden.

Ich fühlte einen heftigen Zorn in mir aufsteigen, der herrisch seine Entladung forderte. Da ich nicht wusste, wie viel Zeit inzwischen vergangen war und der Zug zu stehen schien, eilte ich durch die Gänge, um zu verhindern, dass die Blue Lady ausstieg. Vielleicht aber saß sie noch bei geöffnetem Fenster auf ihrem Platz, die Beine übereinandergeschlagen, mit einem Fuß ungeduldig wippend und wartete auf mich, um weitere Demütigungen über meinem ungewaschenen Haupt auszuschütten. Mit geballten Fäusten stürmte ich ins Abteil. Ich würde ihr gehörig die Meinung sagen. Auch ich hatte ein Recht auf Würde.

Sie war fort. Die Kälte ließ mich schaudern. Rasch schloss ich das Schiebefenster und ließ mich auf meinen Platz fallen. Ich war eine entkorkte Flasche, deren erbärmlicher Inhalt sich trotz vorherigen Schüttelns kohlensäurearm unfähig zum Hinausschießen eignete.

Meine Lektüre *Der Frauenmörder von St. Hildegard*, die der gnädigen Frau so sehr missfallen hatte, steckte tief im Abfallbehälter, kraftvoll hineingequetscht. Der Buchtitel aber war immer noch lesbar. Unter dem gegenüberliegenden Sitz schaute etwas Hellblaues hervor. Ich angelte mit der Fußspitze danach und erkannte, dass es ihr Schal war. Vermutlich war er bei der belehrenden Aktion, dass ein Versager wie ich, sich nicht auch noch mit literarischem Müll befassen sollte, vom Hals geglitten. Ich hob ihn auf und roch daran. Was für ein Duft! Meine Ex-Frau hatte ein ähnliches Parfüm geliebt: Maiglöckchen, frisch gemähtes Gras und ein Hauch von etwas, das mich an meine Kindheit erinnerte, mir aber im Moment nicht einfiel.

Während ich noch überlegte und mein Gesicht in das seidige Tuch drückte, sah ich in am Ende des Bahnhofsgeländes einen blauen Fleck, der sich energisch weiter entfernte und kleiner wurde. Mir war klar, für mich konnte es keine Freiheit geben. Es würde immer irgendwo eine Blue Lady auftauchen. Ich zog die drückenden Schuhe aus und schaute schief grinsend auf meine große Fußzehe, die sich durch die Socke bohrte. Sollte wenigstens sie frei sein.

Lauf nicht immer weg, Jakob!

Jakob liebte den Wald mit seiner sanften Stille, den würzigen Duft des feuchten Bodens, den Geruch von Tannen, auf denen die Mittagssonne lag, das Rascheln und Knacken in den Bäumen, wenn Eichhörnchen darin herumsprangen, und das Gefühl, vom mächtigen Grün beschützt zu sein.

Schon als Kind war er hierhergekommen, wenn es zu Hause unerträglich war und sein ewig betrunkener prügelnder Vater nur darauf zu lauern schien, ein Opfer für seine Aggressionen zu finden. Die Mutter hatte längst das Weite gesucht, weil sie, wie sie wörtlich meinte, *kein Talent zum Muttertier habe*. So gab es niemanden, dem der Junge wichtig war und der sich um ihn sorgte, außer vielleicht Fräulein Hermine Wacker, seine Volksschullehrerin. Sie tätschelte ihm manchmal Kopf und Wangen, kannte seine Probleme und ermahnte ihn, trotzdem oder gerade deswegen regelmäßig zur Schule zu kommen und fleißig zu lernen, damit er seinen Schulabschluss schaffen und endlich Einfluss auf die spätere Zukunft nehmen könne.

Sie war die Einzige, die sich je für ihn interessierte. Auch später, als er älter war und an sämtlichen Kreuzwegen des Lebens die falschen Entscheidungen traf, nichts zu Ende brachte, sich stets verdrückte, wenn es schwierig oder unangenehm wurde, hatte sie ihn nicht fallen lassen, sondern wiederholt, wenn auch vergeblich, gemahnt: „Lauf nicht immer wieder weg, Jakob Zwiesel!"

Als längst klar war, dass der junge Mann alle in ihn gesetzten Hoffnungen mit seinen ungeschickten Händen zerschlagen würde und er arm und obdachlos durch die Gegend zog, hielt er dem heimischen Wald und seiner ehemaligen Lehrerin die Treue. Wenn er in der Gegend war, besuchte der Vagabund die inzwischen pensionierte alte Dame, ertrug ihre Moralpredigten und genoss den wunderbaren starken Kaffee mit recht viel fetter Dosensahne, um dann seinen zweiten, ihm verbliebenen Freund, den Wald, aufzusuchen. Vorher allerdings schaute er erst noch einmal im Gasthof *Zum Goldenen Engel* vorbei, wo ihm die Kathi, die fesche Bedienung, aus Mitleid heimlich ein paar Schnäpse einschenkte. Anschließend war er in den Wald gewankt, um dort unter freiem Himmel, im weichen Moose liegend, seinen Rausch auszuschlafen.

Spitze Schreie, dann seltsame gurgelnde Laute ließen ihn hochschrecken. Zu seinem Erstaunen sah er zwei Menschen miteinander kämpfen, hörte Stoff reißen, heftiges Keuchen, glaubte Angstschweiß zu riechen und erkannte recht schnell, es waren die freundliche Kellnerin und ihr Arbeitgeber. Der Stangl Wirt brüllte hasserfüllt: „Du verdammtes Miststück! Dir wird' ich helfen! Du wirst meiner Frau nichts erzählen!"

Die mächtigen Hände, die er um den schlanken Hals der jungen Frau gelegt hatte, drückten fester und fester zu. Jakob atmete heftig, hielt sich aber die knorrige Hand vor den Mund, um sich nicht zu verraten, da nur das dichte Unterholz sie voneinander trennte. Zitternd versuchte er, sich zu beruhigen, wusste aber, er konnte dem verzweifelten Geschöpf nicht mehr helfen. Zum einen war Jakob zu feige, sich einzumischen, und zum anderen war er dem Mann, dessen Schnaps noch vor ein paar Stunden durch seine Kehle geflossen war, körperlich unterlegen. Obwohl sein rasendes alkoholgeschädigtes Herz die Brust zu sprengen drohte, arbeitete sein Gehirn glasklar. Die Kathi ist ganz sicher die Geliebte vom Stangl Wirt und stellt vermutlich Ansprüche, will geheiratet werden oder so etwas in der Art, mutmaßte er. Sollte dessen Frau davon erfahren, so wird sie nicht viel Federlesens mit dem untreuen Kerl machen und ihn vor die Türe setzen. Wenn man einheiratet und selber nichts besitzt, muss man wenigstens die Finger von anderen Frauen lassen.

Die schöne Katharina wehrte sich kaum noch, ließ ihre in Georgs teures Wams verkrallen Hände sinken, röchelte noch ein wenig und fiel nahezu lautlos auf die verblühten Anemonen, die sie willig aufnahmen. Dann kehrte die Stille ein, die Jakob sonst so liebte. Aber der Wald hatte seine Unschuld verloren.

Nichts wie weg! dachte er, sich ans Herz greifend. *Nichts wie weg! Wenn dich der Stangl Wirt sieht, bist du auch daran.* Aber der Mörder hat sich bereits aus dem Staub gemacht und sein einziger Zeuge war dabei, es ihm gleich zu tun, als plötzlich eine strenge Stimme ertönte: „Zwiesel Jakob, willst du wieder einmal davonlaufen?" Der Angesprochene blieb abrupt stehen und sah hinter sich, aber da war niemand. Er zitterte und fiel auf die Knie. „Hab' ich schon Halluzinationen? Verdammte Sauferei!" Langsam rutschte er auf Kathi zu. „Die ist mausetot und der Stangl Wirt, der dreckige Hund, geht frei aus!"

Schwerfällig wühlte er in seiner Jackentasche, holte ein unglaublich schmutziges Taschentuch hervor, in das ein goldenes Feuerzeug mit den Initialen G. St., für Georg Stangl, eingewickelt war und überlegte. Er, Jakob Zwiesel, hatte das Prachtstück vorhin in der Gaststube in einem unbeobachteten Augenblick mitgehen lassen, um es irgendwo zu verkaufen. Mit dem Geld wollte er sich ein paar sorglose Tage machen.

„Nein!", entschied er heftig, „nein, so tief bin ich doch noch nicht gesunken." Da er im Gasthof das teure Stück mit seinem Schnupftuch gepackt und gleich verstaut hatte, war er sicher: „Da sind bestimmt noch ein paar Fingerabdrücke vom Stangl Georg drauf."

Das Crescendo seines Herzschlages war ungeheuerlich, so aufgedreht und aufgeregt wie war er. Plötzlich spürte er einen gnadenlosen Schmerz in seiner Brust. Speichel tropfte aus seinem fassungslosen Mund und Übelkeit überfiel ihn. Seine linke Hand umkrampfte verzweifelt die löchrige Jacke. *Es ist aus mit mir!,* war Jakob klar. Er schloss ermattet die Augen, sackte einfach zusammen, fiel mit seinem schweißnassen Gesicht auf saftiges, weiches Gras, roch den herben Duft frischer Walderdbeeren und dachte: *Der Stangl Wirt, der Hund!* Doch dann bäumte er sich mit letzter Kraft noch einmal auf und schaffte es, das Feuerzeug neben die Tote zu werfen und somit eine Verbindung zwischen Mörder und Opfer herzustellen. Bevor sein angegriffenes Herz den letzten Schlag tat, glaubte Jakob ganz deutlich Fräulein Hermine Wackers Stimme zu hören, diesmal ungewohnt sanft: „Gut gemacht, Jakob, wirklich gut gemacht!" Und dann war es im Wald wieder so herrlich still, wie er es liebte.

Rocco

Der Morgen hatte wunderbar begonnen. Daisy, meine schneeweiße Katze, war mit forderndem Schnurren zu mir gekommen, um mir klarzumachen, dass es höchste Zeit war aufzustehen, sie zu füttern und dann eine Runde mit ihr durch den Garten zu drehen, der allmählich bereit schien, ein paar Blütenknospen zu öffnen und die wenigen Erdhummeln und Bienen einzuladen. Alles war wie immer und nichts deutete darauf hin, dass dieser Tag anders sein könnte, als die vorangegangen.

Es war Wochenende, sodass keinerlei Verpflichtungen auf mich warteten. Ich machte einen Spaziergang zu unserer nahegelegenen Bucht. Das eisige Wasser peitschte an die Buhnen, wirbelte den Sand auf und zog sich mit seltsam gierigem Schmatzen wieder zurück. Mit der starken Flut hatte ich keine Probleme, Ebbe hingegen ängstigte mich stets mehr, zieht sie doch alles gnadenlos ins offene Meer, was nicht verankert ist. Und doch liebte ich dieses Schauspiel, weil es in einer Welt, in der nichts wirklich berechenbar ist, sich ständig wiederholt und mir das Gefühl von Zuverlässigkeit vermittelte. Ich setzte mich in den noch kühlen Sand, der sich nur langsam erwärmte, obwohl die Frühlingssonne ein paar kräftige Strahlen schickte.

Zwei Monate nach der Trennung von Rocco war ich nahezu täglich hierhergekommen, hatte meinen Schmerz in den Wind geschrien und gehofft, mich irgendwann einmal wieder frei zu fühlen und der kühlen Luft ein lächelndes Gesicht entgegenhalten zu können. Seit einiger Zeit ging es mir tatsächlich besser und ich schaffte es sogar, an Rocco zu denken, ohne weinen zu müssen.

Oft genug war er unerwartet zurückgekehrt wie ein Sturm, mit dem niemand rechnet, der durch den Strandhafer fegt, an ihm zerrt, alles durchwirbelt, Zerstörung anrichtet, um dann einfach zu verschwinden, ohne einen Blick auf das Chaos zu werfen, welches er hinterlassen hat. Es schien offensichtlich, Rocco wollte sich nicht binden, mir aber auch keineswegs die Möglichkeit lassen, eine andere Partnerschaft einzugehen, denn bei jedem Treffen bedauerte er sein Verhalten, schwor, dass er mich liebte und sich ändern werde. Manchmal blieb er nur kurze Zeit weg, dann wieder wochenlang. *Er sei ein einsamer Wolf, der das Alleinsein brauche, aber doch genau wisse, wohin er gehöre*, waren seine Worte. Anfangs glaubte ich ihm, aber allmählich begriff ich, er war ein verdammter Lügner, dessen Hauptbeschäftigung darin bestand, seinen Harem mit Liebeskünsten zu beglücken und ich war nichts anderes, als eine von vielen. Und doch fiel es mir unendlich schwer, einen Schlussstrich zu ziehen.

Ich brauchte Frieden, um endlich Entscheidungen für meine Zukunft treffen und Weichen stellen zu können, kurz gesagt, und um die Türe zu einem neuen Leben zu öffnen, einem Leben ohne Schmerz, Enttäuschung, Lüge und Betrug. Immer und immer wieder dachte ich mir deshalb Begegnungsszenen mit ihm aus, in denen ich ihm stolz und souverän klarmachte, dass er mir gleichgültig war und mich seine Gegenwart langweilte.

Gerade heute an diesem herrlichen leicht sonnigen Morgen, als ich eine wunderbare Ruhe in mir spürte, mich frei und froh fühlte, tauchte plötzlich Rocco vor mir auf, schließlich wusste er, wo ich zu finden war. Er wirkte so lebendig, ungemein attraktiv mit diesem Lächeln, das bis in seine spöttischen dunklen Augen reichte, mit diesen kräftigen Händen, die zupackend und auch so zärtlich sein konnten. Natürlich erwartete er, dass alles vergeben und vergessen sei, dass er mich mit seinem Charme umstimmen würde, dass ich bereit wäre, mir erneut die Narrenkappe auf die blonden Locken drücken zu lassen.

Aber dieses Mal war ich vorbereitet. Bevor ich loslegen konnte, kam er schweigend auf mich zu, nahm meine Hände in die seinen, küsste die Innenflächen und meinte: „Ich weiß, ich bin ein Schuft, aber ich liebe Dich. Verzeih mir noch dieses eine Mal!"

Wärme durchflutete mich, Begehren und Zuneigung. Alles was ich wollte, war Rocco und wenn es auch nur für kurze Zeit sein würde, bis er mich wieder enttäuschte und verletzte. Wider besseres Wissen und das Hohngelächter in meinem Kopf ignorierend, flüsterte mir die andere Stimme hoffnungsvoll zu: *Vielleicht meint er es dieses Mal wirklich ernst. Vielleicht hat er sich geändert.* Lächelnd sagte ich zu ihm: „Hallo Rocco, schön, dich zu sehen."

Ja, bin ich denn noch zu retten?

Eigentlich war ich schon immer der typische Junggeselle. Weibsleute sind meist schrecklich anstrengend. Ewig wollen sie wissen, wo man war, wieso man jetzt erst nach Hause kommt, ob man sie noch liebt und ob sie nicht zu dick sind und anderen Schwachsinn. Bei jeder Gelegenheit fangen sie an zu heulen, fühlen sich unverstanden, halten einen für geizig und humorlos und vieles mehr.

Kein Wunder, dass ich es stets vorzog, als einsamer Wolf die Pampa zu durchstreifen. Was ja nicht heißen muss, dass sich nicht hin und wieder für wenige Tage ein warmer weiblicher Körper an mich kuschelte, um dann irgendwann wieder zu verschwinden oder abserviert zu werden.

Dieses Leben *àla card* gefiel mir eigentlich recht gut, bis ich eines Tages auf die schöne Melisande traf. Sie war Aushilfskellnerin in einer gepflegten Bar in der Innenstadt. Schwarze kurze Haare, große freundliche grünbraune Augen, eine schlanke sportliche Figur – *Ich liebe diese weibliche Sportlichkeit.* – und ein Lächeln, das einem beim Biertrinken die Hand zittern ließ.

Es dauerte fast einen Monat, bis ich den Mut hatte, das reizende Kind für den nächsten Abend in ein Superlokal einzuladen. Natürlich dachte ich nicht an *l'amour* und großartige Bindungen, *bis dass der Tod uns scheidet,* sondern eher an gemeinsame Turnübungen im Schlafzimmer meiner Villa am Stadtrand.

Der Abend verlief so ganz anders als erwartet. Die Frauen, die ich bisher kennengelernt hatte, schafften es nicht eine Minute, den Schnabel zu halten und schnatterten ohne Ende. Melisande hingegen hörte zu, stellte interessierte Fragen und hatte erkannt, dass ich ein toller gebildeter Mann war. Seltsamerweise war es für mich völlig in Ordnung, dass wir unser Gespräch dem üblichen *Wollen wir nicht zu Hause bei mir noch ein Gläschen Champagner trinken?* vorzogen. Ich brachte sie brav zu ihrer kleinen Wohnung und verabschiedete mich.

Es dauerte etwa drei Wochen, bis sie bereit war, mich in meinem Heim zu besuchen. Normalerweise hätte ich mich dankend verabschiedet und mir einen flotten Ersatz gesucht, der mich nicht so lange auf Sparflamme hielt. Jetzt aber wollte ich es wissen. Gab es auf dieser weiten Welt tatsächlich ein weibliches Wesen, das etwas Besonderes war, und für das es sich lohnte, Geduld zu haben.

Die Art und Weise, wie sie dann durch mein Haus schritt, die charmanten Kommentare, ihr Lächeln, mit dem sie die Kostbarkeiten in den Sammler-Vitrinen bewunderte und die erotischen Bewegungen ihres durchtrainierten Körpers erregten mich sehr. Ich fühlte mich wie ein hungriger Wolf, dem die Zunge aus dem Maul hängt, weil vor ihm ein junges Lämmchen völlig ungeschützt läuft. Die Selbstverständlichkeit, mit der sie meine Ungeduld begriff, meine Leidenschaft erwiderte und sich mir hingab, nahm mir fast den Atem. Sie war die Frau, die alles richtigmachte.

Ich hätte es nie für möglich gehalten, dass ich jemals ein weibliches Wesen bitten würde, bei mir einzuziehen. Melisandes Job war sowieso nicht das Gelbe vom Ei und die Bude, in der sie wohnte, ihrer unwürdig. Ohne große Probleme gab sie beides auf und konnte bei mir endlich einmal die angenehmen Seiten des Lebens genießen.

Sie stellte niemals peinliche Fragen, beklagte sich nicht, wenn ich verspätet zum Abendessen kam, war immer guter Laune, hörte zu, verstand meinen beruflichen Ärger als wohlhabender und vielbeschäftigter Geschäftsmann und lachte selbst über die blödesten Witze, die ich ihr erzählte. Melisande akzeptierte, dass Boxkämpfe und Fußballspiele für mich im Fernsehen Vorrang hatten gegenüber Krimis und Liebesfilmen. Ich war ihr Herr und Meister und legte die Regeln fest, was von ihr klaglos angenommen wurde.

Ab und zu musste ich mich kneifen, da es mir direkt unheimlich vorkam, dass eine solche Traumfrau ausgerechnet mich zu lieben schien. Auch ich bemühte mich, ihr meine Zuneigung zu zeigen, sie zu verwöhnen und ihr Freude zu bereiten. Aber ich blieb, was ich war, ein grober Büffel und Egoist. So war es nicht verwunderlich, dass sich irgendwann ein gesundes Misstrauen einstellte und ich sie deshalb eine Zeitlang rund um die Uhr von Detektiven überwachen ließ. Das Ergebnis war erschütternd: harmlose Einkaufsbummel, Jogging im Park, Yoga in der Volkshochschule, Fitness-Center, Französisch-Kurs, Kino und Zoo-Besuche.

Das Zusammensein mit Melisande machte mich sehr glücklich, wenn mir auch hin und wieder Albträume das Leben schwermachten.

Eines Tages entdeckte sie in einem alten Schrank auf dem Dachboden ein Fotoalbum, das noch meine Mutter angelegt hatte. Wie immer reagierte sie ungemein liebenswürdig, fand nette Worte über das Aussehen meiner Mama und bewunderte meine sportlichen Aktivitäten wie Fußballspielen, Skilaufen und Tauchen. Als ich ihr dann erzählte, dass ich bei der Bundeswehr als Kampfschwimmer, Taucher und Fallschirmspringer ausgebildet worden war, sah ich in ihren schönen Augen große Bewunderung, der die Worte folgten: „Du bist einfach ein toller Mann!"

Ich berichtete ihr von Übungseinsätzen in verschiedenen Ländern und davon, dass ich viele Jahre lang danach, Tauch-Urlaube im Süden gemacht hatte und immer noch hoffte, irgendwann einmal wieder Zeit dafür zu haben.

Einige Wochen später jedoch fiel mir auf, dass sie abends oft müde war, vor dem Fernseher einschlief oder gähnend vor mir zu Bett ging. An manchen Tagen konnte ich sie stundenlang nicht über ihr Handy erreichen und musste mir lächerliche Ausreden anhören. Meine Alarmglocken schrillten. Ich hatte jedes männliche Wesen in unserer Umgebung in Verdacht, sich an Melisande herangemacht zu haben und meine Abwesenheit zu nutzen, um sie von mir wegzulocken.

Leider konnte ich nicht erneut ein Heer von Detektiven einsetzen, weil es meiner Liebsten damals aufgefallen war, dass ständig irgendwelche Männer sie beobachteten. Sie glaubte jedoch meiner Ausrede: *Liebling, ich habe Drohbriefe bekommen und wollte dich schützen. Inzwischen ist der Bösewicht ermittelt worden, und wir brauchen uns keine Gedanken mehr zu machen.* Ich konnte also nicht mehr die gleiche Platte abspielen, wollte auch keine Bekannten um Unterstützung bitten und hatte selber wegen eines wichtigen Projekts nur sporadisch Zeit, um auf die Pirsch zu gehen.

Zufällig sah ich sie dann zu allem Elend auch noch mit einem jungen Kerl, der ein riesiges Paket trug, aus einem Sportkaufhaus kommen und in einer Ladengalerie verschwinden. Fragen am Abend, was sie denn am Tage so erlebt und unternommen habe, wurden nicht wahrheitsgemäß beantwortet.

Die Verdachtsmomente verdichteten sich, zumal Freunde sie an den ungewöhnlichsten Orten in Gesellschaft unbekannter Männer sahen. Ich war sicher, sie wartete nur auf den richtigen Augenblick, um mir zu sagen, sie habe ihren Traumprinzen gefunden. Ungewöhnlich erschien mir, dass sie trotz allem nach wie vor reizend und zärtlich zu mir war. Vermutlich wollte sie mir nicht weh tun.

Am Wochenende ging ich wie jeden Samstag ins Fitness-Studio, um ein wenig zu trainieren. Mittags beabsichtigte ich, wieder zu Hause zu sein. Ich hoffte, meinen Zorn ausschwitzen zu können, was mir natürlich nicht gelang. Anschließend fuhr ich in mein Büro, holte im untersten Fach meines Safes, ordentlich in einem Kurzwaffenfutteral liegend, meine Walther PKK hervor, eine Jagd Pistole, die ich noch vor einigen Jahren bei der Wildschweinjagd immer vorsichtshalber dabeigehabt hatte, lud sie, steckte sie in meine Jacke, kippte eine dreiviertel Flasche Whiskey in meine durstige Kehle und brüllte betrunken: „Melisande, scher dich mit deinem Liebhaber zur Hölle!"

Ich hatte viel zu lang mit mir den Affen machen lassen. Jetzt würde ich in mein trautes Heim zurückkehren und für Klarheit sorgen. Endlich sollte sie mir Auge in Auge sagen, was Sache ist. „Hast du oder hast du nicht? Willst du mich verlassen oder nicht? Spuck's aus! Ich will wissen, ob ich ein gehörnter Trottel bin oder nicht."

Als ich mein Haus betrat, glaubte ich, meinen trüben Augen nicht trauen zu können. Alles war mit Blumen und Kerzen geschmückt und es duftete nach meinem Lieblingsessen, Schweinebraten mit Rotkohl und Klößen.

Melisande eilte auf mich zu, umarmte und küsste mich, ohne Anstoß an den Alkoholgerüchen zu nehmen, die aus meinem Mund kamen.

„Alles Liebe zu deinem runden Geburtstag, mein Schatz! Komm mit ins Wohnzimmer, ich habe eine Überraschung für dich!"

Ich hatte doch tatsächlich vergessen, was heute für ein besonderer Tag war. Überrascht und willenlos ließ ich mich von ihr in unseren eleganten Salon ziehen. Überall, in dem mit Lampions geschmückten Raum, standen oder hingen vergrößerte Fotos von mir und entdeckte ich zwei bunte Umschläge mit der Aufschrift: Gutschein, die ich sofort, zitterig wie ich war, aufriss. Der eine enthielt zwei Flugtickets nach Portugal an die Algarve, der andere einen Bon zum Erwerb einer Taucherausrüstung. In Verbindung mit den Fotografien von meiner Zeit als Kampfschwimmer wurde selbst meinem benebelten Hirn klar, Melisande wollte mit mir eine Reise in den Süden ans Meer machen, um mir damit meinen alten Wunsch zu erfüllen, wieder einmal tauchen zu können.

„Liebling, das Beste weißt du aber noch gar nicht. Glücklicherweise leben wir ja an einem Fluss, wenn er auch ein wenig entfernt von unserem Haus ist. So war es mir möglich, lange Zeit in der *Tauchschule Delfin* Tauchkurse zu belegen. Natürlich bin ich noch ein ziemlicher Anfänger, traue mir aber zu, dort an der Algarve unter Anleitung auch im Meer zu tauchen. Du brauchst keine Angst zu haben, dass du mir alles beibringen musst, das machen schon Jan und seine Frau Anja, die Leiter der Tauchschule. Sie haben auch die Reise vermittelt. Fast alle aus meinem Kurs werden dabei sein und wie ich, von den beiden betreut werden, während du mit Harald, einem Tauchprofi, der auch dazu gehört, die Unterwasserwelt unsicher machst. Ehrlich gesagt, bin ich froh, dass der Kurs vorbei ist. Ich fand das super anstrengend, mehrmals in der Woche dorthin zu fahren und zu üben, üben, üben. Abends war ich dann schlag kaputt. Toll fand ich auch, dass Jan und Harald mich und die anderen, beim Kauf von Tauchbekleidung beraten und begleitet haben. Ich hoffe sehr, dass du dich über meine Geburtstagsüberraschung freust! Was ist denn los, Schatz? Ist dir nicht gut? Du siehst plötzlich so blass aus?"

Was war ich doch für ein Depp! Melisande hatte wochenlang einen Tauchkurs besucht. Nur für mich, damit ich meinen uralten Traum früherer Zeiten wiederaufleben lassen konnte. Was für eine Frau! Und ich hatte vorgehabt, falls sie von mir wegwollte, wie in einem lächerlichen Krimi oder kitschigen Liebesfilm, mir in ihrer Gegenwart eine

Kugel in den Kopf zu schießen und das auch noch auf unserem edlen wunderschönen handgeknüpften Nepal-Teppich, der 25.000 Euro gekostet hatte. Ja, bin ich denn noch zu retten?

Wo ist Mona?

Die Stimme meiner Frau klang schrill. Ein Zeichen dafür, dass sie in Panik war und von mir eine sekundenschnelle Reaktion erwartete. Die Frage, *Wo ist Mona?*, die sie in den Raum warf, machte mir klar, ein *Keine Ahnung, woher soll ich denn das wissen?*, würde keine Akzeptanz finden und den gestrigen Streit erneut aufleben lassen. Ich schoss aus meinem Sessel, als hätte mich eine spitze Polsterspirale, die sich hin und wieder in der durchgesessenen Sitzfläche zeigte, boshafter Weise erwischt, ließ die Zeitung zu Boden fallen und bemühte mich, meiner Antwort die Weichheit des Wolfes aus dem Märchen *Die 7 Geißlein* zu geben, nachdem er Kreide gefressen hatte in der Hoffnung, Sanftheit und Liebenswürdigkeit vorzutäuschen.

„Liebling, ich gehe sofort los, um sie zu suchen. Mach dir keine Gedanken! Vor einer dreiviertel Stunde lag sie im Schlafzimmer und hat wunderbar geschlafen."

Emily baute sich vor mir auf, schüttelte die roten Locken, blitzte mich mit ihren graugrünen Augen zornig an und fauchte: „Ich habe überall nachgesehen. Du solltest ja eigentlich auf sie aufpassen. Schließlich ist sie krank. Mit einer Magenverstimmung ist nicht zu spaßen."

„Wahrscheinlich hat sie sich überfressen", flüsterte ich vor mich hin.

Vor ein paar Wochen war meiner Frau ein wertvoller Brillantring abhandengekommen, was sie jedoch kein bisschen aufregte. Wenn aber irgendetwas mit ihrer Katze nicht in Ordnung schien, drehte sie fast durch. Diese Affenliebe war der Grund dafür, dass wir uns gestern wieder einmal verbal gefetzt hatten. Mein Argument, dass sie mich, seit das Katzenvieh in unserem Haus lebte, total vernachlässigte, wurden von ihr lediglich mit nach oben gedrehten Augen und einer wegwerfenden Handbewegung bedacht.

Während alle Zärtlichkeiten über Mona ausgeschüttet und feinste Speisen extra für das Liebchen zubereitet wurden, stammte mein Essen aus Dosen und aus dem Tiefkühlschrank. Ich hatte es längst aufgegeben, auf das Wort *Schätzchen* zu reagieren. In 100 von 100 Fällen war die Katze gemeint, die mit aufgerichtetem Schwanz und weit geöffneten Augen freudig angesprungen kam, in der Gewissheit, ein Leckerchen zu bekommen.

Wie ich dieses Mistvieh hasste! Noch vor einem halben Jahr waren Emily und ich ein völlig normales Ehepaar gewesen, verbunden in Zweisamkeit und Zuneigung, bis sich Mona Herzchen, Püppchen, Spätzelchen, Schätzchen zwischen uns drängte. Innerhalb kürzester Zeit mutierte meine Ehefrau zu einer Katzenübermutter. Anfangs verstand ich ihre Emotionen. Schließlich waren wir kinderlos. Aber nach und nach wurde der Herr des Hauses zum Pausenclown. Nur wenn ich nachgab, war die Stimmung in unseren Vier-Wänden erträglich. Platzte mir der Kragen, musste ich mir mein Dosenfutter sogar noch selber warmmachen.

Der Waffenstillstand erschien mir teuer erkauft. Er kostete mich meinen komfortablen gemütlichen Lieblingssessel. Meine Frau meinte, ich sollte mich nicht so anstellen, wenn Mona sich voller Wonne, ihr rötliches Fell leckend, auf der weichen Sitzfläche zusammenrollte, schließlich gäbe es in unserem Haus ja noch jede Menge anderer Sitzgelegenheiten. Sobald ich auf den leeren Sessel zueilte, war die Katze schneller als ich und nahm ihn in Besitz. Der Höhepunkt meines Niedergangs in der familiären Machtverteilung gipfelte in der Tatsache, dass ich, wie die alten

Römer sagten: *Vae victis! – Wehe, den Besiegten!* erfahren musste, wie es sich anfühlt, in diesem Haus an Boden zu verlieren. Nicht nur der Sessel war in fremden Pfoten, sondern auch mein Bett im gemeinsamen Schlafzimmer. Quer auf der rückenschonenden teuren Matratze liegend, mich triumphierend durch ihre Augenschlitze beobachtend, erinnerte mich Madame Katze immer mehr an meine Frau Emily. Zwei Rotschöpfe, die sich gnadenlos durchsetzen konnten.

Wen wundert es, dass ich versuchte, meinem Elend ein Ende zu bereiten. An vier Tagen in der Woche suchte Emily ihre kleine, aber sehr erfolgreiche Firma am Stadtrand auf, um nach dem Rechten zu sehen. Ich als Rentner, sollte in dieser Zeit den Catsitter spielen. Mir kam der Gedanke: *Was wäre, wenn das träge Katzenvieh, dass normalerweise niemals versuchte, den heimischen Garten zu verlassen, plötzlich von Frühlingsgefühlen überwältigt, wissen wollte, wie die Welt jenseits unseres Zaunes aussah?* So wie Ostern und Weihnachten zeitlich nicht zusammenfallen, war die Wahrscheinlichkeit einer solchen Aktion dementsprechend gering. Mona hätte ihr Bermuda-Dreieck: Sessel – Bett – gut gefüllter Futternapf, welches sie mühelos optisch und akustisch überwachen konnte, niemals freiwillig verlassen. Also beabsichtigte ich, ein wenig nachzuhelfen.

Mit dicken Lederhandschuhen bewaffnet, schlich ich mich zu meiner Feindin, packte sie brutal, ihre Schreie ignorierend, und stopfte sie in den Katzenkorb. In gut einer Stunde waren wir in W., einer zauberhaft einsamen Gegend, wo sich noch nicht einmal Fuchs und Hase *Gute Nacht* sagen, ich mich aber hervorragend auskannte, da hier eine Tante von mir wohnt, die ich schon ewig nicht mehr besucht hatte.

Mona konnte gar nicht so schnell schauen, wie ich sie aus dem Korb schüttelte und davonbrauste. *Adieu, du Nervensäge!* Sie würde bestimmt nicht nach Hause finden, da sie im Gegensatz zu anderen Katzen noch nicht einmal die Umgebung um unser Heim inspiziert hatte. Ein kleiner Besuch bei meiner erstaunten Verwandten, dann trat ich die Rückfahrt an, saß wieder völlig entspannt in dem uralten Sessel und freute mich auf die kommenden Tage und Wochen ohne das gottverdammte Katzenvieh. Wir würden wieder miteinander plaudern, Schach spielen, fernsehen, spazieren gehen, gemeinsam schlafen und vielleicht auch noch ein wenig mehr als nur schlafen.

Und tatsächlich kehrte langsam wieder Normalität ein. Zwar trauerte Emily noch sehr um Mona, war aber froh, jemanden zu haben, mit dem sie ihren Schmerz teilen konnte, da Nachbarbefragungen und Aushänge mit Fotos von unserer Katze keinen Erfolg brachten.

Als ich einige Wochen später vom Einkaufen zurückkehrte und die Haustüre öffnete, zog ein köstlicher Duft in meine Nase. Ich musste mich schon sehr täuschen, wenn das nicht meine Lieblingsspeise, Hühnerfrikassee, war. Zu meinem Erstaunen waren aber die beiden Töpfe leer. Da fiel mein Blick nach unten und ich fand mein Mittagessen in Monas Futternapf. Dieses Déjà-vu Erlebnis verursachte einen heftigen Schweißausbruch bei mir. Ich ließ die eingekauften Lebensmittel fallen und eilte ins Wohnzimmer. Auf meinem Luxussessel lag tatsächlich eine Katze mit rotem Fell, abgemagert und ziemlich zerzaust, aber doch unverkennbar Mona.

Erschüttert drehte ich mich um und sah in das Gesicht meiner Frau. Mit einem grausamen wissenden Lächeln teilte sie mir mit: „Ich habe deine Sachen wieder alle in das kleine Zimmerchen gebracht und auf den alten Sessel gelegt. Die Leiterin des Tierheims aus W. rief mich an und teilte mir mit, dass sie den Chip mit allen Daten auslesen konnten, den ich bei meinem ersten Tierarztbesuch auf Anraten der Ärztin bei Mona habe implantieren lassen. Das arme Tier muss längere Zeit herumgeirrt sein. Vermutlich stellten ihr ein paar mitleidige Menschen etwas Futter hin, bis jemand auf den Gedanken kam, sie ins Tierheim zu bringen. Dann habe ich mit Tante Traudl telefoniert und erfahren, dass du sie genau an dem Tag in W. besucht hast, als Mona verschwand. Und da konnte ich eins und eins zusammenzählen."

Es wird wohl nichts werden mit den Eierpfannkuchen

Es klopfte an der Türe und Gerda, seine Schwester, erschien mit der Tageszeitung. Sie legte Hartmut das Blatt auf den Tisch und deutete auf einen angestrichenen Artikel. Dann stellte sie den schweren Kristall Aschenbecher außer Reichweite, räumte eilig das Frühstücksgeschirr ab und verschwand so schnell sie konnte in die Küche. Sie kannte das zornige Temperament ihres Bruders, bei dem Gegenstände durch die Luft flogen. Schon hörte sie das Brüllen, das eher von einem angeschossenen Bären zu kommen schien als von einem wütenden Mann. Der Grund dieses Ausbruchs war ihr bekannt und aus Sicht des Bruders auch verständlich.

Allgemeine Norddeutsche Tageszeitung
Ein erfolgreicher Sohn unser Stadt ist zurückgekehrt
Der Industrielle Wolf-Dieter Wagenreuth ist nach Jahren in Argentinien wieder in G. und wird in Kürze ein ‚Argentinisches Steakhaus der Superlative' eröffnen in ‚Original argentinischem Ambiente'. Der enge Kontakte zu seinem südamerikanischen Schwiegervater, einem Besitzer riesiger Rinderherden, garantiert hervorragende Qualität der Rindersteaks und weiterer Rindfleischprodukte.

Hartmut riss die Küchentüre auf und fragte überflüssigerweise: „Hast du das gelesen? Der Drecksack traut sich tatsächlich hierher. Der hat Nerven! Nimmt das ganze Geld mit, lässt mich mit den Schulden allein, haut ab nach Argentinien und wird jetzt auch noch als toller Unternehmer gefeiert."

Gleich würde ihr Bruder zum zigsten Male die alte Geschichte aufwärmen, wie er es jeden Freitag tat, wenn er angetrunken vom Kegeln abends nach Hause kam. Nur war heute eben nicht Freitag, sondern Montag. Sie konnte sie einfach nicht mehr hören, die alte Leier, dass Wolf-Dieter, der mit Hartmut ein Lokal betrieben hatte, mit dem noch vorhandenen Geld verschwand, seinem Kompagnon die Schulden hinterließ, weil ihr Traum von einem gemeinsamen Speiserestaurant wie eine Seifenblase zerplatzt war. Sie hatten zur falschen Zeit, am falschen Ort, mit einem unfähigen Koch, faulem unterbezahltem Personal und einer langweiligen Speisekarte geglaubt, die kulinarische Szene zum Beben zu bringen und waren gescheitert. Während sich ihr Bruder noch an die Illusion klammerte, hatte sich sein Partner elegant verdrückt, alles mitgehen lassen, was nicht gesichert schien, und der Heimat den Rücken gekehrt.

Hartmut musste damals sein Landhaus, das Erbe von seinem Patenonkel veräußern, um nicht juristisch in Schwierigkeiten zu kommen. Im Bewusstsein, in Wolf-Dieter einen fairen Freund zu haben, hatte er für so ziemlich alles, was wichtig und teuer war, gebürgt. Schließlich gab es für ihn nur noch die Möglichkeit, bei seiner Schwester Gerda unterzukommen und ihr das Leben mit seiner Verbitterung, seinen Zornausbrüchen und der ständigen Wiederholung seiner Leidensgeschichte schwer zu machen.

Gerda kannte den Bruder zu gut, um hoffen zu können, er werde es bei verbalen Ausbrüchen belassen. Ihr war schon klar, dass er in irgendeiner Form das Messer wetzte, jetzt da der Verursacher all seines Unglücks greifbar in nächster Nähe war. Sie hatte es aufgegeben, sachlich mit ihm zu reden. Hartmut wollte Rache. Die Worte *vergeben und vergessen* gab es nicht in seinem Denken. Er hielt es lieber mit dem Alten Testament: *Auge um Auge, Zahn um Zahn.*

In der Zwischenzeit saß Hartmut mit starrem Gesichtsausdruck auf der Gartenbank mit Blick auf die Salatkräuter, den blauen Eisenhut, die leuchtend roten Tomaten und die noch schlanken Zucchini. Es dauerte eine Weile, bis er die Erstarrung abstreifte und mit kraftvollen, jugendlichen Schritten für einige Zeit in der Gartenhütte verschwand, wo er seine Schnaps- und Whisky-Vorräte lagerte. Mit dem Satz: „Zum Mittagessen bin ich wieder da.", einem zufriedenen Lächeln und einer Tasche, in der es verdächtig klirrte, schritt er an Gerda vorbei, legte eine Handvoll Kräuter sowie einen frischen Salatkopf und zwei Tomaten auf den Küchentisch. Seine Haltung war stolz und entschlossen.

Hartmut wusste jetzt, wie er seinen Feind an dessen Achillesferse treffen konnte. Er dachte da an einen Zwei-Stufen-Plan. Stufe 1 bestand darin, ihm etwas zu nehmen, was dieser liebte. Er begriff selber nicht mehr, wieso er all die vergangene Zeit nicht daran gedacht hatte. Wolf- Dieter besaß eine sogenannte Jagdhütte, wie er sie großspurig bezeichnete. In Wirklichkeit handelte es sich um eine heruntergekommene Kate, in die sie beide sich verdrückt hatten, wenn sie nach Männerart irgendeine Hübsche abschleppen konnten oder gemeinsam die böse und ungerechte Welt im Alkohol ertränken wollten. Dort gab es nichts, was einen materiellen Wert darstellte, nur ein breites Lotterbett und eine Menge Köstlichkeiten in Flaschen.

Der Schlüssel hing noch wie früher an einem Haken. So sah Hartmut kein Problem, den verstaubten Innenraum zu betreten. Rasch tauschte er einen sehr alten schottischen Malt Whisky gegen einen noch älteren sorgfältig präparierten aus, stellte ihn so, dass er sofort ins Auge fiel, ließ die andere Flasche und einen Flachmann, den er zum Mut antrinken mitgebracht hatte, in einem Schrank verschwinden und verwischte eventuelle Spuren.

Der eigentliche Auslöser, Stufe 1, konnte beginnen. Hartmut legte außerhalb des Häuschens Feuer. Erst unter dem Lieblingsapfelbaum, den Wolf-Dieter noch mit seinem Vater gepflanzt hatte, dann im einige Meter entfernten Schuppen, der alte Fotoalben, heißgeliebte Sport- und Spielsachen aus Kindertagen und vieles mehr enthielt, an dem Wolf-Dieters Herz hing, und schließlich in der von Weinblättern umrankten Laube, die an Sommertagen herrlichen Schatten spendete. Das Feuer würde sich langsam durch die Gräser zur Hütte vorarbeiten und dort erst einmal an der Stelle nagen, die durch dickere Holzbalken gesichert war, bevor es der eigentlichen Kate schaden konnte. Die aufmerksamen Nachbarn, die vermutlich gelesen hatten, dass der erfolgreiche Sohn der Stadt sie mit seiner Gegenwart beehrte, eilten bestimmt herbei, um zu löschen und vorher den Besitzer, der nur wenige Ecken entfernt wohnte, über seinen Schicksalsschlag zu informieren.

Im Geiste sah er bereits die Szene vor sich: Ein hektisch rennender Wolf-Dieter, der sich fassungslos bemühte, den uralten Wasserschlauch ohne Erfolg zu aktivieren, um schließlich mit Besen, schweren Lappen und vor allem mit Hilfe freundlicher Nachbarn zu retten, was zu retten war. Er würde sich zwar vielmals für deren Hilfe bedanken, aber dass er vielleicht seine freundlichen Mitmenschen zu einem kleinen Gelage einladen könnte, hielt Hartmut für ausgeschlossen. Wunden lecken in Gegenwart anderer, war nicht dessen Ding. Es träfe Wolf-Dieter sehr schwer, sentimental wie er war, die Teilzerstörung des Refugiums aus seiner Vergangenheit zu erleben. Daran änderte auch der jetzige Wohlstand nichts. Dann würde er in die noch einigermaßen erhaltene Hütte wanken, den Whisky erblicken und in seinem Kummer einen mehr als kräftigen Schluck nehmen, der sein letzter wäre. Ende der Stufe 2.

Hartmut betrachtete mit grausamen Lächeln, wie sich das bisher schwache Feuerchen allmählich zu einem kräftigeren und schnelleren entwickelte und sich durch Gras und Sträucher fraß. Er hörte bereits in einiger Entfernung Stimmen. Die Retter befanden sich im Anmarsch. Also nichts wie weg. Sein wohl durchdachter Plan hatte bisher wunderbar geklappt. Jetzt konnte er rasch nach Hause gehen, genüsslich sein Lieblingsgericht, Eierpfannkuchen mit Speck und dazu Kopfsalat mit Tomaten, verspeisen und sich anschließend ein Stündchen aufs Ohr legen wie jeden Nachmittag.

Am nächsten Morgen brächte Gerda dann nach dem Frühstück die Tageszeitung, in der sie garantiert einen Artikel angestrichen hatte:

Allgemeine Norddeutsche Tageszeitung
Der Unternehmer Wolf-Dieter Wagenreuth ist tot
Gestern am Vormittag kam es aus bisher ungeklärten Gründen zu einem Brand auf dem Gartengrundstück des erfolgreichen Unternehmers Wolf-Dieter Wagenreuth, der gerade erst nach Jahren der Abwesenheit aus Argentinien nach G. zurückgekommen war und hier ein Argentinisches Steakhaus der Superklasse eröffnen wollte. Bedauerlicherweise kam er an Ort und Stelle zu Tode. Näheres über die genaue Todesursache ließ die Polizei aus ermittlungstechnischen Gründen noch nicht verlauten. Unsere Stadt verliert dadurch ein bedeutendes Mitglied unserer Gesellschaft.

Natürlich würde Gerda ihn ein wenig misstrauisch anschauen, aber keine Fragen stellen, wenn er sein unschuldigstes Gesicht aufsetzte und schweigend die Nachricht läse, abgesehen von einem kleinen Kommentar: *Es gibt doch scheinbar noch Gerechtigkeit auf dieser Welt.*

Auf ihn könnte gewiss keinerlei Verdacht fallen, da er seine Wut über den treulosen Freund, soweit er sich erinnerte, nur innerhalb der eigenen Vier-Wände zum Ausdruck gebracht hatte. Außerdem lagen die gemeinsame Zeit mit Wolf-Dieter und der finanzielle Niedergang schon viele Jahre zurück.

Die Stimmen der Helfer kamen näher und Hartmut hastete los. Unglücklicherweise blieb er mit seinem rechten Fuß an einer hochstehenden Baumwurzel hängen, stürzte in Richtung des Stammes und schlug mit dem Kopf heftig dagegen. Als ihm die Sinne schwanden, hörte er gerade noch, dass jemand rief: „Da liegt ja einer und blutet. Ich glaub', der ist ohnmächtig oder tot."

Was er allerdings nicht mehr mitbekam, war, dass ihn zwei Männer zur Holzhütte trugen, weil das Feuer dort noch keinen Schaden angerichtet hatte. Als sie feststellten, der Verletzte atmete noch und war dabei, wieder die Augen zu öffnen, meinte einer: „Der braucht nur einen Schnaps, dann kommt er wieder richtig zu sich." Gesagt, getan, der Helfer spurtete in das Holzhaus und kam Sekunden später mit einer Flasche Whisky zurück. „Ich denke," meinte er, „Whisky tut's auch. Gläser sind keine da." Dann setzte er ihm die Flasche an den Mund und ließ einiges in dessen Kehle laufen. Während Hartmut schluckte, fiel seinem angeschlagenen Hirn ein: *Verdammt, das ist ja mein mitgebrachter Whisky, den ich mit unserem Blauem Eisenhut versetzt habe. Das Dreckszeug ist elend giftig.*

Das letzte, an das er seltsamerweise noch denken musste, war: *Wird wohl nichts werden mit den Eierpfannkuchen.*

Mr Wonderful

Es war ein kalter Morgen Anfang April. Der Gedanke, jetzt gleich in die U-Bahn steigen zu müssen, in die ewig gleichen müden Gesichter zu schauen, ließ sie langsamer werden. Der Wunsch, aus dem täglichen Gleichmaß auszubrechen, bremste ihre Füße. *Was macht es schon*, dachte Maibritt, *wenn ich heute später ins Büro komme. Ich hänge die fehlende Zeit einfach hinten an, da wir ja gleitende Arbeitszeit haben, und schenke mir dadurch jetzt eine Gnadenfrist.* Die Luft war herrlich frisch und das kräftige Morgenrot ein Versprechen für einen besonderen Tag.

Als Maibritt schließlich in die Tiefen des U-Bahnschachtes eintauchte, war sie wenige Minuten alleine mit der Leuchtinfo, dass die nächste Bahn in 15 Minuten käme. Sie schloss die Augen und fühlte sich als Herrin ihrer Zeit. Nach und nach vernahm sie Schritte, Geräusche und Stimmen, spürte die Vibrationen der Bank, auf der sie saß, wenn sich jemand dazusetzte und hörte die Durchsage, dass die nächste U-Bahn hereinfahren würde. Umgeben von Geschäftigkeit, erhob sie sich und hoffte durch die bewusste Verspätung, eine vielleicht interessantere Welt zu betreten.

Tatsächlich war das Publikum ein teilweise anderes. Lärmende Schulkinder brachten Schwung in die um Sitzplätze kämpfenden Menschen. Die Bahn war voller und lauter. Sie quetschte sich zwischen Zeitung lesende Fahrgäste, als ihr Blick auf einen Mann fiel, der sich von den anderen unterschied. Alles an ihm bewegte sich im Bereich der Superlative: die Kleidung, sein Aussehen, die Figur. Selbst sein Lächeln war etwas ganz Besonderes. Als ihm eine gegenübersitzende Dame auf die

Füße trat, schenkte er ihr ein verzeihendes Lächeln, das selbst Eisberge zum Schmelzen gebracht hätte. Wie beneidete Maibritt das weibliche Wesen, das erfreut zurücklächelte. Bedauerlicherweise musste sie an der nächsten Haltestelle aussteigen und schwor sich, am nächsten Tag erneut die gleiche U-Bahn zu nehmen.

Das Glück war 24 Stunden später auf ihrer Seite. Der gutaussehende aufregende Mann saß genau auf derselben Bank. Ihm gegenüber lud ein einziger nicht besetzter Platz sie zum Verweilen ein. Ihr freundliches *Guten Morgen* wurde charmant erwidert.

An den darauffolgenden Tagen erweiterte sie das Begrüßungsritual um Hinweise auf das Wetter, balgenden Schüler, Bewunderung seines farbenfrohen Schals und Ähnlichem. Im Laufe der Zeit verhielten sie sich wie gute Bekannte, die einen netten kurzen Smalltalk zu schätzen wissen. Mehr war ohnehin nicht möglich, da Maibritt stets sehr bald aussteigen musste. Bewusst weitere Stationen abzusitzen, wäre zu offensichtlich und peinlich gewesen.

Maibritt war schon klar, dass Mr Wonderful vermutlich an der Endhaltestelle zustieg, also eine Station bevor sie die Bahn betrat, weil er immer seinen Stammplatz besetzte. Deshalb fuhr sie dort, wo sie seinen Wohnsitz vermutete, nach Feierabend mit dem Fahrrad ein paar Wochen lang durch die Gegend, in der Hoffnung, ihn zufällig zu treffen. Ein freundliches *Hallo, wohnen Sie auch hier?* wäre völlig unverdächtig gewesen.

Inzwischen war Mr Wonderful zu Mr Right avanciert, denn er schien genau der Mann zu sein, an den sie schon immer gedacht und von dem sie geträumt hatte, ohne es zu wissen. Er war der Blitz, der in ihr Herz eingeschlagen hatte, der Sommerregen, der ihr ödes und langweiliges Leben zum Blühen bringen würde. Leider fragte er sie niemals, ob er sie nicht irgendwo treffen könnte. Und auch sie spürte Hemmungen, dieses Thema anzusprechen.

Sie nahm sich vor, wenn das Wochenende vorbei war, ihm am Montagmorgen zu sagen: *Ich heiße übrigens Maibritt. Jeden Tag freue ich mich auf unser kurzes Gespräch. Leider ist mein Ziel zu schnell erreicht und ich muss aussteigen.* Das gäbe ihm die Möglichkeit, ihr zuzustimmen und vorzuschlagen, sich irgendwann und irgendwo mit ihr zu verabreden, um sich näher kennenzulernen. Jetzt aber war sie auf dem Weg zu einer neuen Bekannten aus dem Yoga-Kurs, die sie zum Geburtstag eingeladen hatte.

Als sie die weiträumige Wohnung betrat, meinte die Gastgeberin: „Stell dich doch selbst meinen Gästen vor! Es hat gerade wieder geklingelt."

In der Mitte des Raumes unterhielten sich ein paar Männer recht lebhaft. Sie konnte es nicht glauben. Einer von ihnen war Mr Wonderful. Er sah toll aus in seinen engen Jeans und dem dunkelblauen sportlichen Sakko, an dessen Revers eine vollerblühte rote Rose steckte. Überrascht stand er auf und schien sie anzustrahlen. Mit Mühe konnte sie ein hysterisches Lachen unterdrücken. Da war sie wochenlang durch die Gegend geradelt, um ihn zu treffen, hatte sich das Gehirn zermartert, wie sie eine Verabredung zustande bringen könnte und nun stand er in einigen Metern Entfernung vor ihr und strahlte wie ein Kind unter dem Weihnachtsbaum. Das Leben war schon manchmal recht verrückt!

Es dauerte nur wenige Sekunden, bis sie begriff, sein Strahlen galt nicht ihr, sondern der Person, die kurz nach ihr geklingelt und hinter ihr den Raum betreten hatte. Sie dreht sich um und war sprachlos. Ein junger blonder hochgewachsener Adonis, der nur Augen für ihren Mr Wonderful hatte, überholte sie und ging langsam auf ihn zu. Sie schauten einander tief in die Augen und umarmten sich. Ihr Gesprächspartner aus der U-Bahn nahm sie überhaupt nicht wahr, reichte seinem Freund die Rose, flüsterte: „Du bist schon da! Wie wundervoll!" und küsste ihn zärtlich.

Eine etwas andere Fahrt

Paolo hasste Gleichmaß und Wiederholungen, vor allem die daraus resultierende Langeweile. Bei ihm musste der Alltag ein farbenfrohes Gewand tragen. Glocken sollten läuten, Feuerwerke stattfinden und Lustbarkeiten aller Art seinen Weg kreuzen.

Es war schon schlimm genug, dass er, der ehemalige Platzhirsch, von dem alle Mädchen und Frauen seiner Nachbarschaft träumten, seit zwölf Jahren mit Undina verheiratet war. An seiner Ehehälfte konnte bestimmt niemand etwas aussetzen. Im Gegenteil, sie galt sogar überall als begehrenswerte Schönheit, war lieb, zärtlich und schimpfte nur ganz selten mit ihm. Wenn er da an Claudio, seinen besten Freund dachte, der an einen lebendigen Drachen gebunden war, der regelmäßig Feuer spie oder gruseligen Schwefelduft verbreitete, musste er ehrlich zugeben, er war ein echtes Glückskind.

Seine Frau hatte ihm drei Söhne geboren. Mamma Mia, waren seine Bekannten da neidisch gewesen, als er vor einem halben Jahr schon wieder einen prächtigen Stammhalter sein Eigen nennen konnte. Die drei kleinen Burschen machten allen Männern im Stadtviertel klar, er, Paolo war einfach ein toller Kerl, der wusste, wie man ein solches Wunder hinkriegt. Von ihm konnten die anderen noch eine Menge lernen.

Er grinste selbstgefällig. Wäre da nur nicht das Gefühl, hinter den Wolken strahlte die Sonne viel heller als davor und am Ende des Regenbogens wartete etwas Wunderbares auf ihn. Nicht unbedingt Geld, da gab es ganz andere Dinge, die sein Blut in Wallung brachten. Irgendwie müsste er noch etwas losmachen, Highlights in sein Leben bringen, bunte

Fahnen schwingen, Raketen abschießen.

Während er seinen Gedanken nachhing, fuhr ihm die Bahn vor der Nase weg und unser Träumer sah sich gezwungen, auf die nächste zu warten. Auf der Plattform stellte er sich dann missmutig neben *ein dickes altes Weib*, wie er sie insgeheim gehässig nannte und blickte herum. *Es ist schon interessant*, fiel ihm auf, *du fährst mit einer späteren Bahn und die Welt sieht anders aus.*

An der nächsten Haltestelle stieg eine bezaubernde junge Dame ein, die munter das Gespräch eröffnete. Ihre dunklen Augen, der volle Kuss bereite Mund, ihr tief dekolletiertes enges T-Shirt trieben Paolo den Schweiß auf die Stirn. Sollte der Himmel doch ein Einsehen mit ihm haben und ihm so kurz vor seinem 40. Geburtstag ein Feuerwerk schenken? Nun denn, er war bereit.

Inzwischen war die Bahn knallvoll geworden und er und seine rosige Rose standen dicht beieinander und amüsierten sich. Das Zauberwesen ließ die herrlichen Zähne blitzen und zeigte sich als begeistert lachende Zuhörerin. Sie drängte sich stärker an ihn, sah ihm tief in seine glutvollen Augen und drückte mit einem leisen Seufzer ihren Oberschenkel an ihn. *Wie wundervoll*, dachte Paolo, *es gibt zum Glück nicht nur tugendsame Frauen!* Mit der personifizierten Sünde auf Tuchfühlung zu stehen, konnte nur einem kernigen Mannsbild wie ihm passieren. Obwohl sein erhitzter Körper am Beben war, schaltete sein Gehirn auf *eiskalt* und rief ihm zu: „He, du Trottel, lass dir die Telefonnummer geben!"

Bereitwillig nannte ihm die Schöne die Zahlen und musste bedauerlicherweise an der nächsten Haltestelle aussteigen, allerdings mit gekonntem Hüftschwung und nicht, ohne ihm eine Kusshand zuzuwerfen.

Paolo wiederholte immer und immer wieder die Nummer. Kaum in seinem Büro angekommen, wählte er sie sofort wie ausgemacht. Sicherlich war seine Göttin schon zu Hause oder an ihrem Arbeitsplatz angekommen und wartete auf die Fortsetzung ihres aufregenden Flirts.

Als eine tiefe Stimme am Telefon „Hier Krematorium!" sagte, fiel es ihm wie Schuppen von den Augen. Er tastete in seinem Jackett nach der Brieftasche, die sich genau wie seine teure Armbanduhr in Wohlgefallen aufgelöst hatte, oder sollte ich besser sagen, in der Tasche der liebreizenden Rose gelandet war?

Entdeckungen

Claas Snijders war aufgeregt. Unter der abblätternden Farbschicht, die er vorsichtig entfernte, lugte wie eine Butterblume im dichten Gras, ein kaum sichtbarer gelblicher Farbfleck hervor. Schon unter dem Mikroskop war ihm etwas Befremdliches aufgefallen, dem er unbedingt auf den Grund zu gehen beabsichtigte. Als Restaurator alter Gemälde war ihm noch immer nicht das Staunen abhandengekommen. Übermalte Geheimnisse, von geschickten Künstlern mit spöttischem Lächeln kodiert, schliefen oft jahrhundertelang einen Dornröschenschlaf, bis ein einfühlsamer Glückspilz, durch modernste Technik aufmerksam geworden, die richtigen Rückschlüsse zog und als restauratorischer Goldgräber zufällig oder weil sich schadhafte Stellen in dem Kunstwerk zeigten, an der entsprechenden Stelle grub.

Snijders schnappte nach Luft. Die Gemälde des flämischen Barockmalers Willem de Bruinen, der für seine Stillleben berühmt ist, zeigen meist die köstlichsten Früchte, wie nur ein Paradiesgarten sie hervorbringen kann, aber niemals Zitronen. Und was hier wie eine Seerosenknospe aus den Tiefen des Teiches der Farbenfülle auftauchte, war zweifellos eine Zitrone, wenige Millimeter groß. In der Malerei steht sie als Symbol für das äußerlich Schöne, dessen Inneres von Säure durchsetzt ist.

Snijders zitterten die Hände, als er seinen PC hochfuhr. Nach langem Suchen fand er schließlich in Fachveröffentlichungen Hinweise auf einen Kollegen in Brügge, dem vor etwa zehn Jahren bei einer Restaurierung Ähnliches aufgefallen war. Damals war es ein praller Granatapfel, der irgendetwas überdeckte. Normalerweise ist es nichts Ungewöhnliches, dass ein Künstler von seiner eigentlichen Vorlage abgeht und in seinem Bild die eine oder andere Stelle übermalt. In diesem speziellen Falle jedoch, hatte eine von außen kaum wahrnehmbare gelbe Ecke die Aufmerksamkeit des Restaurators geweckt. Mit spezieller Röntgentechnik, dann vom Computer errechnet, offenbarte sich ihm unter dem eigentlichen Gemälde eine winzig kleine halbierte Zitrone, die versuchte, auf sich aufmerksam zu machen, allerdings erstickt von Rottönen. Da es für das Gesamtkonzept keinen Sinn ergibt, wenn die Proportionen der Früchte zueinander nicht stimmen, wollte er diesem seltsamen Fall nachgehen. Jedoch wurde ihm nicht gestattet, die intakte Übermalung abzutragen, weil das Ergebnis keineswegs spektakulär gewesen wäre.

Auch nach mehreren Telefonaten mit ungläubigen Kollegen, deren Lippen immer wieder nur den gleichen Satz formulierten: *Unsinn, Willem de Bruinen hat noch nie Zitronen gemalt!* gab Claas Snijders nicht auf. Seine Beharrlichkeit wurde belohnt. In Antwerpen schließlich gestand ein aufgeschlossener Herr mit Namen Piet van Deuysen, vor einem Dreivierteljahr in der gleichen Situation gewesen zu sein. Er hatte unter einem rotbackigen Apfel, aus dem eine weißliche Made hervorkroch und so an des Menschen Endlichkeit gemahnte, entdeckt, dass dort eine übermalte Stelle war. Ohne Wissen des Chefrestaurators, von Neugierde geplagt, war er mithilfe von Fluoreszenzstrahlung auf etwas kaum Wahrnehmbares gestoßen, hatte dann vorsichtig Schicht um Schicht entfernt und darunter eine ausgepresste Zitrone geringen Ausmaßes gefunden. Er schloss die Lücke wieder und wusste, dass damit auch seine Lippen versiegelten sein mussten, denn was nicht sein darf, nicht sein kann. Zu diesem Zeitpunkt war niemand in der Kunstszene darauf aus, Kunstgeschichte umzuschreiben, zumal de Bruinens 450. Geburtstag anstand. Ausstellungen waren bereits organisiert, Info-Material gelagert,

Bücher gedruckt und Reden geschrieben. Eine Änderung, welcher Art auch immer, war nicht erwünscht. Und warum sollte der Künstler nicht seine Bilder übermalen dürfen? Das hatte es schon immer gegeben. Außerdem handelte es sich keineswegs um ein bedeutendes Detail, das der Meister, warum auch immer, lieber in der Versenkung verschwinden lassen wollte.

Nachdem Snijders ihm mutig von seiner Entdeckung erzählte, war die versiegte Quelle aufgebrochen und sprudelte wieder. Vermutlich gab es weitere Zitronen-Bilder von Willem de Bruinen, wie er sie nannte, die allerdings bisher ihr Geheimnis noch nicht preisgegeben hatten. Glücklicher Weise kam Snijders auf den Gedanken, die drei Gemälde in die Reihenfolge ihrer Herstellung zu setzen:

pralle Zitrone	=	*1617*
aufgeschnittene Zitrone	=	*1620*
ausgepresste Zitrone	=	*1622*

Er informierte die wenigen Kollegen, die ihn unterstützt und nicht ausgelacht hatten, von seiner Forschungsarbeit. Van Deuysen aus Antwerpen hatte die Idee, Willem de Bruinens Lebenslauf als Grundlage zu nehmen und erkannte, dass dieser 1617, im Jahr der unversehrten säuerlichen Südfrucht, in dritter Ehe ein 16-jähriges Mädchen italienischer Herkunft geheiratet hatte. Ihr Name war Lemona. Es konnte doch unmöglich ein Zufall sein, dass dies nicht nur ein Frauenname ist, sondern auch das italienische Wort für *Zitrone*. Außerdem fertigte der Meister in diesem Jahr eines seiner seltenen Portraits an. Es zeigt ihn, einen ältlichen Mann, der seine Wohlhabenheit zur Schau stellt; neben ihm seine Frau, deren mädchenhaftes Lächeln bezaubert.

Drei Jahre später, im Jahr der aufgeschnittenen Zitrone hatte sie bereits drei Kindern das Leben geschenkt. Zart und jung wie sie war, verliefen die Geburten dramatisch. Bei der dritten wäre sie beinahe verblutet.

1621 waren zwei der drei Kinder gestorben, wie einem Bericht über das Leben des Barockmalers zu entnehmen war. Ein kleinformatiges Madonnenbild, das die Züge Lemonas trägt, hängt noch heute im Haus des berühmten Malers. Fast glaubt man, in das Gesicht einer Pieta zu schauen, so schmerzerfüllt und vom Diesseits abgewandt wirkt das eingefallene Antlitz.

1622, kurze Zeit nachdem das Bild, das die ausgepresste Zitrone verbarg, vollendet worden war, starb sie bei der Geburt ihres fünften Kindes, weil ihr Ehemann, der als besonders streng gläubig galt, die Ansicht vertrat: *Unser Schicksal liegt in Gottes Hand. Er weiß schon, was er tut. Wer sind wir, dass wir seine Entscheidungen hinterfragen dürfen?* und deshalb keinen Arzt holen ließ, als es Komplikationen bei der Geburt gab. So verlor er in einer Nacht beide, seine Frau und das neugeborene Kind an den Tod. Snijders spürte, wie ihn ein heiliger Zorn auf diesen selbstgerechten Künstler packte.

Schicht für Schicht befreite er die Zitrone aus ihrer Einengung. Das war das Mindeste, was er für Lemona tun konnte und wenn es auch nur für kurze Zeit war. Wie seine Kollegen speicherte er die fotografischen Ergebnisse in seinem PC. Vor seinem inneren Auge sah er das arme Geschöpf, das aus dem warmen und üppigen Italien ins kalte Flandern verheiratet wurde. Alles war fremd: die Sprache, die Sitten, die Menschen. Das Leben mit einem von sich überzeugten alten Mann, der Gehorsam und Pflichterfüllung erwartete, die Geburten und schmerzlichen Todesfälle der Kinder, Heimweh und vieles mehr trugen sicher dazu bei, dass die junge Frau sich allein gelassen und ständig überfordert fühlte. Vermutlich hoffte sie, ihre heimlichen Hilferufe würden von irgendjemandem verstanden. Vielleicht hatte sie auch in Italien einen Jugendfreund zurücklassen müssen, dem ihre Zuneigung gehörte, als ihre Eltern sie in eine unbekannte Welt schickten. Da Willem de Bruinen zu seiner Zeit ein bekannter und begehrter Maler war, wurden sicher auch einige seiner Werke in den Süden verkauft. Möglicherweise war das Einfügen der winzig kleinen Zitronen eine Art Code, den sie mit einem, ihr nahestehenden Menschen in der alten Heimat verabredet hatte, um ihren Gemütszustand unauffällig zeigen zu können. Vielleicht war es Lemonas Amme oder eine Verwandte, da sie nicht Schreiben und Lesen gelernt hatte und somit keine Briefe schicken konnte. Sie hatte jedoch nicht mit der Akribie ihres Mannes gerechnet, der ihre naiven und rührenden Versuche mit gnadenloser Hand niederschmetterte.

Morgen, das nahm sich Claas Snijders vor, morgen würde er zur hiesigen Tageszeitung gehen und seine Entdeckung kundtun. Die Welt würde sich weiterdrehen, niemand an Willem de Bruinens Größe und Talent zweifeln und keiner eine Träne über eine unglückliche junge Frau vergießen. Das war ihm alles klar, aber wenn er Glück hatte und im Kulturteil nicht nur Ignoranten saßen, waren sein Bericht und die Fotos eine verspätete Resonanz auf Lemonas Hilferufe.

Siegfried und der Drache

Siegfried senkte die buschigen Augenbrauen, sodass sie seine wütenden Augen verdeckten. Emilia ließ ihn niemals ausreden und wusste wieder einmal alles besser. Zumindest glaubte sie das. Seit er auf sie angewiesen war, verhielt sie sich noch aufgeblasener als früher. Schon als Kinder zwang sie ihm als ältere Schwester ständig ihren Willen auf. Scheinbar dachte sie, er sei ein Hund oder ein Affe, den man dressieren könnte. Wenn er sich angepasst benahm, streichelte sie seinen Hinterkopf. Wenn nicht, gab sie ihm schmerzhafte Kopfnüsse.

Glücklicherweise vermittelte ihm sein Vater nach dem nicht gerade rühmlichen Schulabschluss eine Lehrstelle in einer nahegelegenen Stadt bei einem Freund. Siegfried wäre auch bereit gewesen, Toiletten zu schrubben oder stinkige Tigerkäfige zu reinigen, nur um seiner Peinigerin zu entgehen. Das Schicksal meinte es jedoch gut mit ihm. Sein Lehrherr war geduldig, die Arbeit in einer Schreinerei machte Freude und sein kleines Zimmer über der Werkstatt, wo ihn abends niemand störte, gab ihm das Gefühl von Freiheit. Siegfried hatte den Drachen besiegt.

Obwohl er nicht gerade goldene Hände hatte, lernte er im Laufe der Zeit, dass Holz sein Freund war, besonders, wenn er langsam und vorsichtig arbeitete. Sein Chef seufzte zwar des Öfteren, wollte aber Siegfrieds Vater nicht enttäuschen und akzeptierte schließlich das Schneckentempo seines Angestellten, zumal dieser finanziell keine großen Ansprüche stellte, immer pünktlich war, niemals fehlte und sich notfalls sogar bereit zeigte, liegengebliebene Arbeit auch am Wochenende zu beenden. In all den Jahren fuhr er nur selten nach Hause, zumal Emilia sämtliche Verehrer mit ihrer schroffen Art vergrault hatte und nun bei den alten Eltern eine Schreckensherrschaft führte, sodass diese es vorzogen, die wenigen Jahre, die ihnen noch vergönnt waren, in einem Seniorenheim zu verbringen.

Siegfried war auch geistig nicht unbedingt ein Kirchenlicht, bewunderte Menschen, die witzig und lustig waren, und lachte über deren Scherze, auch wenn er sie selten verstand. Gehässigkeit und Kritiksucht waren ihm absolut fremd, deshalb war er allgemein beliebt. Da er ein frisches hübsches Gesicht hatte und unschuldige blaue Augen, lächelte ihm die Küchenhilfe im Gasthaus gegenüber wochenlang zu, bis er endlich den Mut fand, sie ins Kino einzuladen. Sein Chef hatte allerdings ein wenig nachgeholfen und täglich vier bis fünf Mal gesagt: „Wenn du es nicht machst und sie nicht einlädst, macht es garantiert ein anderer."

Sie war zwar nicht gerade eine Schönheit, aber nett und niemals schlecht gelaunt.

Die beiden verstanden sich gut, gingen zusammen Eis essen und im nahegelegenen Park spazieren, spielten *Mensch ärgere Dich nicht!* oder *Schwarzer Peter*. Für Handys und andere technische Errungenschaften hatten sie weder das Geld noch das Interesse und wahrscheinlich auch nicht den Verstand. Sie waren zufrieden, dass sie sich gefunden hatten und lebten ehrgeizlos und fröhlich in den Tag.

Doch manchmal ist das Schicksal grausam und kann es scheinbar nicht ertragen, zufriedene Menschen zu erleben. Siegfrieds Freundin schenkte ihrem Liebsten zu dessen Geburtstag einen Busausflug zum nahegelegenen Bergland mit Mittagessen und anschließender Weinprobe. Was der Auslöser für den schrecklichen Unfall war, bei dem drei Personen zu Tode kamen, unter ihnen Siegfrieds Freundin, und sieben weitere Insassen sich leicht bis schwer verletzten, schien eine Mischung aus menschlichem und technischem Versagen gewesen zu sein. Wie sich herausstellte waren die Reifen, was das Profil, und der Fahrer, was seinen Alkoholspiegel betraf, nicht mehr im erlaubten Bereich gewesen. Auch die Bremsen hatten ihren Dienst versagt.

So richtig zum Trauern kam Siegfried nicht, da schwere Knochenbrüche und eine Gehirnquetschung ihm zu schaffen machten. Es dauerte Monate bis er seinen Verlust und die Tatsache begriff, dass er nur mühsam seine Hände bewegen, kaum noch laufen konnte und in einem Rollstuhl sitzen musste. Eine nette Krankenschwester, die sich mitleidig um den *armen Teufel,* wie sie ihn für sich nannte, kümmerte, versuchte ein wenig Trost in seine Apathie zu bringen und machte ihm klar, dass seine Zukunft gar nicht so schlecht ausschaute, da seine liebe Schwester bereit sei, ihn bei sich aufzunehmen. Als er anschließend fürchterlich laut schluchzte, interpretierte sie diesen Gefühlsausbruch als Dankbarkeit und Rührung.

Das Leben bei Emilia zeigte sich wie erwartet als Hölle. Da er nicht mehr arbeiten konnte, nur eine winzige Rente bekam, seine Schwester den Zugriff auf die Leistungen der Pflegeversicherung hatte und ihre Putzstelle bei Nachbarn ihnen half, über die Runden zu kommen, begriff selbst sein angeschlagenes Gehirn, dass Dankbarkeit angesagt war. Er bemühte sich, keine Wutanfälle zu bekommen, wenn sie ihm ständig alles ungefragt aufs Auge drückte. Sie legte fest, was und wie viel er essen und trinken sollte, welche Socken sie über seine tauben Füße zerrte, ob und was er im Fernsehen anschauen durfte, welche Lektüre sie außer der Bibel und dem Kirchenblättchen für angebracht hielt und Vieles mehr. Täglich fielen ihr neue Schikanen ein, die ihrer Ansicht nach nur zu seinem besten waren. Der Drache hatte Siegfried besiegt.

Als Emilia jedoch eines Tages länger wegbleiben wollte, da eine Bekannte beabsichtigte, ihren 60. Geburtstag großartig in einem schicken Lokal zu feiern, war der Tag der Freiheit gekommen. Siegfrieds Schwester rauschte bereits am frühen Nachmittag, in eine Parfumwolke gehüllt, davon und überließ ihren Bruder seinen belegten Broten. Der verspürte trotz langer Zeit der Unterdrückung mit unendlich vielen schmerzhaften Kopfnüssen noch einen Rest Leben in sich und rollte in seinem Rollstuhl aus dem kleinen Haus seiner Eltern, die Schräge an der Haustreppe hinunter und atmete den Duft der Unabhängigkeit ein. So schnell er konnte, bewegte er mit seinen verkrüppelten Händen die großen Räder und entfernte sich vom Ort seiner Qualen.

Glücklicherweise war die S-Bahn-Station nicht weit entfernt und freundliche junge Männer hievten ihn mit vereinten Kräften hinein und zwei Haltestellen später wieder hinaus. Niemand zeigte sich erstaunt oder nahm wahr, dass er bei doch relativ niedrigen Temperaturen nur eine dünne Weste und an den Füßen Hausschuhe trug. Siegfried rollte munter weiter. In seiner Hosentasche fand sich natürlich kein Fahrschein und nur wenig Silbergeld, das Emilia vom letzten Einkauf auf die Anrichte in der Küche gelegt hatte, damit ihre Geldbörse nicht zu schwer wurde.

Erstaunlicherweise fand er den Weg zu seiner früheren Arbeitsstelle ohne Probleme, obwohl ihm nach seinem Unfall vieles entfallen war. Sein ehemaliger Chef hatte die Schreinerei seinem ältesten Sohn übergeben, der sich allerdings an Siegfried erinnerte und bedauerte, dass sich sein Vater, der immer noch mitarbeitete, gerade heute einen freien Tag genommen hatte. Nach einem kurzen Gespräch fuhr der Ausreißer zum gegenüberliegenden Gasthof und bestellte ein herrlich kaltes Bier, das erste seit langer Zeit und unendlich vielen Fenchel- und Kamillentees bei Emilia. Auch hier wurde er herzlich begrüßt.

Es hatte sich natürlich herumgesprochen, dass Siegfried nach dem tragischen Unfall und dem Tod seiner Freundin bei seiner unfreundlichen und herrischen Schwester lebte. Worte des Bedauerns und ein paar Witzchen über Emilia wurden geäußert, in Verbindung mit der Vorstellung, ein Taxi habe deren Bruder hierhergebracht. Warum sollte jemand auch nicht einmal den Wunsch haben, kurzzeitig in seine Vergangenheit einzutauchen. Man schenkte dem Durstigen ein zweites kostenloses Bier ein und servierte noch ein paar frische Brezeln.

Ein Taxifahrer, der einen Fahrgast ablieferte, erklärte sich bereit, Siegfried mitzunehmen und zum Wohnhaus von dessen ehemaligen Chef zu fahren. Als er dort das Beförderungsgeld kassieren wollte, stellte sich heraus, Siegfried besaß nur drei Euro. Da auf mehrfaches Klingeln niemand öffnete, rief der wütende Taxifahrer bei der Polizei an, um den Zechpreller anzuzeigen. Ihm war nicht klar, dass sein Fahrgast noch niemals mit einem Taxi gefahren war und nicht verstand, was der aufgebrachte Mann von ihm wollte.

Wie auch bei Emilia, stellte Siegfried seine Ohren auf Durchzug, gab weder seinen Namen bekannt noch seine Heimadresse, die er vermutlich gar nicht kannte. Die Polizisten brachten ihn ins Städtische Krankenhaus, Abteilung Psychiatrie, weil sie glaubten, es handele sich um einen verwirrten Menschen, der aus irgendeinem Heim ausgebüxt war. Nirgendwo jedoch wurde eine Person vermisst. So erlebte Siegfried einen wunderbaren Abend mit leckerem Abendessen, Fernsehen, ohne Kopfnüsse und ohne angebrüllt zu werden. Er schlief friedlich und wunderbar traumlos und genoss das gute Frühstück mit frischen Brötchen und Bohnenkaffee. Siegfried war erfolgreich vor dem Drachen geflohen.

Als Emilia spät von der Geburtstagsfeier nach Hause kam, hatte sie mehrere Gläser Wein getrunken und war froh, leicht benebelt ins Bett fallen zu können. Sie ging davon aus, dass sich ihr Bruder bereits zur Ruhe begeben hatte, denn das bekam er mit etwas Mühe einigermaßen hin. Erst am nächsten Morgen fiel ihr auf, dass der Bursche sein Bett nicht benutzt hatte und nirgends zu finden war. Sie telefonierte im spärlichen Bekanntenkreis herum, suchte die Gegend ab und war ratlos.

Erst gegen Abend rief sie bei der Polizei an und meldete Siegfried als vermisst. Der hatte inzwischen mit seiner freundlichen Art und seinen unschuldigen blauen Augen bei den Krankenschwestern und Betreuern Sympathie gewonnen.

Eine junge Psychologin teilte ihm mit, seine Schwester habe sich gemeldet und warte darauf, dass er nach Hause gebracht würde. Sie habe sich große Sorgen gemacht. Daraufhin brach Siegfried in Tränen aus und war endlich bereit, von seinem unglücklichen Leben bei Emilia zu erzählen. Dann beruhigte er sich und schilderte mit strahlenden Augen sein Abenteuer. Die Medizinerin war betroffen und sagte dem Ausreißer zu, er könne noch einen Tag in der Psychiatrie bleiben. Sie wolle sich erst noch mit einigen Personen beraten.

So nahm sie Rücksprache mit dem Leiter des dort ansässigen Alten- und Pflegeheims, der Pflegeversicherung und mit Emilia, die nicht gerade begeistert schien, ihren Bruder aus den Krallen zu lassen. Da aber in erster Linie der Wille des Kranken entscheidend ist, er Unterstützung gefunden hatte und keineswegs mehr in sein altes Leben zurückwollte, fand er ein neues Zuhause im Pflegeheim St. Michael, das ihm recht gut gefiel. Siegfried hatte den Drachen endgültig besiegt.

Glück gehabt

Ein Käuzchen schrie laut und flog in das raschelnde Laub der mächtigen Eiche. Da der Mond sich gerade zurückgezogen hatte, beleuchtete er auch nicht die seltsame Szene, die sich in dem dichtbepflanzten Vorgarten abspielte. Derbe Hände, deren Handflächen auffallend blutige Kratzer aufwiesen, machten sich an Mrs Bartholemnews Lieblingen zu schaffen. Die alte Rosenschere gab quietschende Protestlaute von sich, so als wolle sie sich darüber beschweren, dass sie in ihrem Alter und rostigen Zustand kraftvolle Rosenstängel abschneiden musste. Fluchend steckte der Übeltäter einen blutigen Finger in den Mund. Die Königin der Blumen ließ sich nicht so ohne weiteres kampflos köpfen und hielt mit ihren Stacheln heftig dagegen. Schweiß lief dem Rosenmörder in die Augen und floss an den breiten Nasenflügeln auf seinen offenen Mund zu.

Schließlich war es ihm doch gelungen, unzählige Blüten abzuschneiden und in einer Tüte zu verstauen. Aufatmend schlich er den gleichen Weg zurück und musste an sich halten, nicht vor Vergnügen zu pfeifen. Wieder einmal konnte er der Alten eins auszuwischen. Vorsichtig und leise ging er um das rote Backsteinhaus herum, gerade noch rechtzeitig, um zu erleben, wie der Mond sein elegantes Mattgelb zwischen die Kirschbäume schickte und Mrs Bartholemnews Leiche beleuchtete.

Der Übeltäter, der sich eben noch befreit und wie ein echter Held gefühlt hatte, konnte seine zitternden Knie kaum unter Kontrolle halten. Der miesen Hexe ein paar Rosen abzuschneiden, war eine Sache, aber ihr den Schädel einzuschlagen, eine andere. Er musste sehen, dass er rasch das Weite suchte, bevor jemand über die Tote stolperte und ihn zufällig erblickte. Aber eigentlich war das Unsinn. Wer sollte mitten in der Nacht hier herumgeistern? Und vor allen Dingen, wer hatte dem boshaften Weib das Maul gestopft? Eigentlich war die Fragestellung falsch. Es musste heißen, wer hier im Dorf hatte keine Gründe, ihr etwas anzutun. Jedem, außer dem Herrn Pfarrer, schließlich wollte sie es sich nicht mit dem Herrgott verderben, hatte sie schon Gemeinheiten nachgerufen, Garstiges über ihn herumerzählt, an dessen Hauswand die angeblichen Verfehlungen mit blutroter Farbe geschrieben oder gar als Nachricht am Kirchenportal angebracht.

Es war nicht gerade angenehm, wenn sie einem die schlimmsten Verleumdungen wie Diebstahl, Unzucht oder gar eheliche Untreue hinterherschrie, besonders wenn die eigene Frau oder der Mann neben einem herlief. In den meisten Fällen hatten ihre scharfen, bösen Augen tatsächlich sogar die Wahrheit entdeckt. Deshalb war man gut beraten, ihr aus dem Weg zu gehen oder sich still und heimlich wie der Rosenmörder zu rächen. Jetzt aber musste für irgendjemanden die Aufdeckung oder Kränkung unerträglich gewesen sein, sodass er oder sie es nicht länger ertragen wollte oder konnte.

Sollte ruhig ein anderer die alte Vettel entdecken. Er würde sich jetzt aus dem Staub machen, seine blutigen Hände waschen, die Gartenschere säubern, die Rosen verbrennen und sich scheinheilig zur Ruhe begeben. So wie sein Herz klopfte, war ohnehin an Schlaf nicht zu denken, aber sein Bett musste benutzt aussehen, wenn morgen seine Schwester wie jeden Tag zu ihm kam, um mit ihm zu frühstücken und bei ihm Ordnung zu machen. Da er keine Frau hatte, fühlte sie sich verpflichtet, ihn zu unterstützen.

Er ließ alle Bewohner im Geiste Revue passieren, um vielleicht den Täter zu finden. So ganz genau hatte er bei Mrs Bartholemnew nicht hingesehen. Irgendetwas Schweres, Großes lag auf ihrem Kopf und hatte den Schädel zertrümmert. Vermutlich handelte es sich um einen Stein, der neben vielem anderen im Garten herumgelegen hatte.

Es dauerte immerhin zwei Tage, bis jemand die Leiche fand oder besser gesagt, bereit war, sie zu finden. Wie auch immer, der halbe Ort versammelte sich vor dem Zaun und beobachtete den einzigen Dorfpolizisten, der ziemlich ratlos mit den Herren Bürgermeister, Doktor und Lehrer versuchte zu begreifen, was wirklich geschehen war. Der Arzt stellte das Ableben der alten Frau fest und vermutete, dass die Todeszeit in etwa vorgestern gegen Mitternacht festzulegen sei.

Dem Rosenmörder zitterten die Knie. Es war nahezu die Zeit, als er den unschuldigen Rosen die Gurgel durchschnitt. Vielleicht hatte der Täter ihn beobachtet und wollte ihm die ruchlose Tat in die Schuhe schieben, an denen noch die Gartenerde des Opfers klebte. Dummerweise hatte er vergessen, sie zu säubern. Die Tatsache, dass er noch niemals eine Freundin gehabt hatte, war für Mrs Bartholemnew ein gefundenes Fressen gewesen. Wie oft hatte sie hinter ihm hergerufen, wenn sie ihn alleine traf: *Na, mal wieder vergeblich auf Brautschau? Du wirst nie eine abkriegen. Selbst ich alte Frau würde dich nicht nehmen.*

Zum Glück waren die drei Honoratioren der Ansicht, dass sie das Problem selber lösen könnten, ohne Hilfe aus der Stadt zu holen. Der Herr Bürgermeister glaubte sich zu erinnern, dass Mrs Bartholemnew vor einiger Zeit behauptet hatte, ein Mann schleiche um ihr Haus herum. Vermutlich wollte er einbrechen und ihr Erspartes stehlen, was sich als kein großes Problem erwies, da die meisten Türen ohnehin nicht abzuschließen waren.

Sollte die Polizei wie immer unfähig sein, hatte sie verlauten lassen, *nehme ich die Angelegenheit selber in die Hand.*

Der Herr Lehrer, ein begeisterter Krimileser, ging auf Spurensuche und wurde fündig. Oben auf der Türe, die vermutlich leicht geöffnet war, befanden sich Kratzspuren. Somit schien es offensichtlich, dass die Alte dem vermeintlichen Dieb eine Falle stellen wollte indem sie zwischen Türrahmen und dem oberen Teil der Türe, einen schweren Stein platzierte, der schließlich bei weiterem Öffnen herunterfallen würde. Es war davon auszugehen, dass sie ein Geräusch gehört hatte, nachzusehen beabsichtigte und nicht mehr an ihre Falle für den möglichen Dieb dachte. So war die Fallenstellerin selber zum Opfer geworden.

Dem Herrn Doktor war es ziemlich egal, wie das Ganze sich zugetragen haben mochte. Er wollte nur möglichst bald nach Hause. Heute war nämlich sein Hochzeitstag. Die Schwiegereltern und seine Frau warteten mit einem köstlichen Braten auf ihn. Außerdem konnte der sonst so spendable Schwiegerpapa sehr unangenehm werden, wenn er nicht eine seiner großartigen Reden halten durfte. Und außerdem war Mrs Bartholemnew nicht seine Patientin.

Der Herr Bürgermeister hingegen zeigte sich begeistert von den Erkenntnissen des Lehrers, lobte die logischen Schlussfolgerungen und war froh, dass es sich um einen selbstverschuldeten Unfall handelte und es in seiner Gemeinde keinen Mörder gab. Die Zuschauer vor dem Gartenzaun, denen er die Fakten mitteilte, klatschten Beifall und machten sich fröhlich plaudern auf den Heimweg. Ab heute würde im Dorf wieder paradiesische Ruhe einkehren. Der alten boshaften Hexe weinte kein Einziger eine Träne nach.

Der Besitzer des Beerdigungsinstituts versprach, Mrs Bartholemnew noch am gleichen Tag abzuholen, nachdem der Doktor den Totenschein ausgestellt hatte. Da sah man es wieder einmal, dass eine böse Absicht, nämlich einen Dieb mit dem Stein zu verletzen oder gar zu töten, von einer höheren Macht bestraft worden war.

Es versteht sich von selbst, dass auch der Dorfpolizist mit dem von den Honoratioren abgesegneten Ergebnis einverstanden war. Die Herren Lehrer und Bürgermeister schüttelten einander die Hände, wobei ganz besonders letzterer, nämlich der Bürgermeister, seiner Zufriedenheit Ausdruck verlieh und davoneilte. Nun würde seine Frau niemals erfahren, dass er seit über einem Jahr ein sehr, sehr enges Verhältnis zu seiner hübschen und jungen Sekretärin hatte, der Ehefrau des Lehrers, und dass die Alte, anders als sie sonst vorging, Geld von ihm verlangte, sonst würde sie seine delikaten Seitensprünge öffentlich machen, was für ihn bedeutet hätte, alles zu verlieren. Seine ohnehin eifersüchtige und wohlhabende Ehefrau fackelte bestimmt nicht lange und würde ihn aus ihrer Villa hinauswerfen und kein Mensch im Dorf wäre bereit, ihn erneut als Bürgermeister zu wählen, zumal er sein Doppelleben hin und wieder durch Selbstbedienung aus dem Dorfsäckel finanzierte.

Eigentlich wollte er dem garstigen Weib, während sie schlief, ein Kopfkissen auf Mund und Nase drücken. Das Ganze wäre wesentlich eleganter gewesen und hätte nach einem natürlichen Tod ausgesehen. Aber bedauerlicherweise hörte sie ihn kommen und begann sofort lautstark und gehässig zu keifen, sodass er improvisieren musste. „Trotz allem", meinte er zufrieden grinsend, „habe ich wieder einmal Glück gehabt."

Herr der Frösche

Evelyn und Kriemhild kannten sich schon, wie sie gerne betonten, seit 100 Jahren, genauer gesagt, seit dem Kindergarten. Nichts hatte sie je entzweien können. Die beiden Freundinnen waren als muntere Dreikäsehoch durchs Leben gehüpft, hatten die Tanzstundenzeit gemeinsam als Mauerblümchen verbracht und die Schule mit nur geringem Erfolg abgeschlossen.

So war es auch geblieben. Aufregende Höhepunkt hatte das Schicksal ihnen bisher vorenthalten. Aus den hässlichen Entlein wurden schließlich eben solche Entendamen, die sich nicht so recht damit abfinden wollten, privat und beruflich vergeblich auf Entwicklungshelfer zu warten. Schließlich waren sie das geworden, worüber sie sich als Kinder tot kichern wollten, nämlich unschöne, alte Jungfern, oder wie Kriemhild es manchmal verbittert bezeichnete, *hoffnungslose Ladenhüter*.

Da beide als graue Mäuse durchs Leben tippelten, kam niemals Neid auf. Sie verbrachten die Wochenenden gemeinsam in Evelyns schmalbrüstigem Reihenhäuschen, das, wie auch seine Besitzerin, unter der Schuldenlast ächzte, spielten Karten, hörten klassische Musik, verwandelten das handtuchgroße Gärtchen in ein Blumenmeer und träumten davon, vielleicht doch noch einmal der Glücksfee zu begegnen.

Die Hauseigentümerin wollte trotz der Tatsache, dass die Hypotheken ihren letzten Euro auffraßen, nicht die Hoffnung aufgeben, irgendwann einmal die Welt bereisen zu können.

Kriemhild hingegen investierte bisher vergeblich ihr schmales Gehalt in Duftwässerchen, Schönheitsmittel, elegante Kleidung und atemberauraubende Unterwäsche. Man konnte ja nie wissen! Bereit sein war alles! Zu ihrer Überraschung wurde sie am kommenden Samstag von Evelyn mit echtem Champagner begrüßt, verkniff sich jedoch die Frage, was es denn zu feiern gäbe.

„Es ist passiert!" hörten ihre entzückten Ohren. „Es ist wirklich passiert! Ein Wunder ist geschehen. Oder sollte ich besser sagen, ein Märchen wurde wahr? Ich bin dem Herrn der Frösche begegnet."

Da die Freundin sie nur verständnislos anstarrte, fuhr das Glückskind fort: „Du kennst doch meine Nachbarn, die seit zwei Jahren neben mir wohnen? Sie haben den Goldfischteich, wie du weißt, in ein Biotop umfunktioniert. Anfangs fand ich das nicht weiter schlimm. Im Gegenteil, es erschien mir hübsch, den verschiedenartigen Libellen bei ihren ästhetischen Flugübungen zuzusehen. Aber diese Gott verdammten Lurche raubten mir den letzten Nerv mit ihrem dämlichen Gequake. Besonders nachts war ich gezwungen, die Fenster zu schließen, so laut war es oft. Auf meine Bitte, für Ruhe zu sorgen, musste ich mir anhören, die Spezies der *Rana Esculenta*, zu Deutsch Wasserfrosch, sei eine durchaus schützenswerte Tierart. Spitz mal deine Ohren! Kannst du noch etwas hören?"

Kriemhild meinte erstaunt: „Ich wundere mich schon die ganze Zeit, wie ruhig es da drüben ist. Das Quaken ist kaum zu vernehmen. Was ist passiert?"

„Nun, Anfang der Woche konnte ich wieder einmal kein Auge zu tun, weil diese grünen Mistviecher einen derartigen Lärm veranstalteten. Um Mitternacht, nachdem überall die Rollläden heruntergelassen worden waren, schlich ich mich mit einer großen Flasche Brennspiritus zu besagtem Teich. Den niedrigen Jägerzaun überkletterte ich mühelos. Ich war gerade dabei", fuhr Evelyn fort, „die todbringende Brühe zu öffnen, als ich *platsch, platsch* hörte. Zu meinen Füßen saß ein stattlicher *Rana Esculenta*. Du wirst es nicht glauben, ich schwöre es dir, ich konnte im Schein der Taschenlampe ganz genau sehen, der Wasserfrosch hatte auf seinem Kopf ein goldenes Krönchen. Er sprach mich an: *Ich bin der Herr der Frösche. Wenn du mich und die Meinen verschonst, so will ich dir ein güldenes Ringlein schenken.* Er hat wirklich *güldenes* anstatt *goldenes* gesagt. Dann tauchte der Bursche ab und kam kurz darauf mit einem Ring im Maul an die Oberfläche. Seine Krone saß immer noch wie angegossen. Ich musste mich mehrmals kneifen, da ich zu träumen glaubte. Um es kurz zu machen, ich teilte ihm mit, Ringe seien als Zahlungsmittel aus der Mode. Es sei schon nötig, Bargeld herauszurücken. Außerdem gäbe es da noch diese ständige Lärmbelästigung. Der putzige Froschkönig versprach, mit seinem Volk zu reden und sie zu leiserem Gequake zu veranlassen. Was meinen finanziellen Wunsch betreffe, so müsse er sehen, wie er es bewerkstelligen könne. Ich dagegen sollte schwören, meine bösen Absichten niemals auszuführen."

Kriemhild wollte sich vor Lachen ausschütten, aber ihre Freundin erzählte weiter: „Als ich wieder im Haus war, reagierte ich ähnlich wie du. Nach dem vierten bis fünften Kognak, waren nicht nur meine Nerven beruhigt. Ich schlief im Sessel ein. Jedenfalls hat mein lieber Herr der Frösche sein Versprechen wahrgemacht. Drüben herrscht relative Ruhe und ich habe, halte dich fest, eine verdammt hohe Summe beim Mittwochslotto gewonnen. Ich kann endlich meine Kredite zurückzahlen und eine Superluxus-Weltreise machen. Was sagst du jetzt?"

Die Angesprochene sprang wütend auf, schnappte ihre Handtasche, warf aus Versehen die Kaffeetassen um und eilte aus dem Raum. „Veralbern kann ich mich selber! Es ist eine Frechheit, mir eine derart an den Haaren herbeigezogene Geschichte aufzutischen! Oder ist heute zufällig der 1. April?" Sie schubste die vermeintliche Märchenerzählerin zur Seite und stürmte schimpfend aus dem Haus. Es war das erste Mal in all den Jahren, dass sie sich im Streit trennten.

Auch in den nächsten Wochen war Funkstille, da jede darauf wartete, die andere werde den ersten Schritt zur Versöhnung tun. Erst als Kriemhild durch Zufall erfuhr, dass Evelyn tatsächlich eine Weltreise angetreten hatte, war ihr bewusst, die Freundin hatte sie eigentlich niemals belogen. Warum also sollte sie ein solch ungewöhnliches Erlebnis schildern, wenn es vielleicht nicht doch der Wahrheit entspräche.

Weitere acht Tage vergingen, in denen sie heftig mit sich kämpfte. Schließlich hielt die Neugierige es einfach nicht mehr aus und begab sich kurz nach Mitternacht mit Taschenlampe und einer Flasche Unkrautvertilgungsmittel, das sie in einem Garten-Center erworben hatte, an die rückwärtige Seite von Evelyns Grundstück. Dort stieg sie wild entschlossen über den niedrigen Zaun und war rasch auf dem Grund und Boden ihrer Freundin und ebenso schnell am Teich des Nachbarn. Kaum hatte sie die Giftflasche geöffnet, als sich ein ihr bekannter Film abzuspulen schien. Sie hörte *platsch, platsch,* der Herr der Frösche saß mit Krönchen auf dem Kopf ihr zu Füßen und bot ein güldenes Ringlein an, wenn sie ihn und die Seinen verschonte. Als Kriemhild ablehnte, fragte das Prachtexemplar der Spezies *Rana Esculenta,* womit er sie von ihren bösen Absichten abbringen könnte. Das Jüngferchen nahm allen Mut zusammen, bat insgeheim seine Freundin für die Ungläubigkeit um Verzeihung und forderte: „Ich will endlich einen Mann! Er soll gutaussehend, liebenswürdig und zärtlich sein."

Der Froschkönig versprach sein Bestes zu tun, ließ die Kühne, deren Wangen sich stark gerötet hatten, schwören, sie werde keinerlei Schaden anrichten, und verschwand im dunklen Nass. Benommen stolperte sie zurück und harrte voller Spannung der Dinge, die kommen würden.

Ein Vierteljahr später, Evelyn war gerade von ihrer Weltreise zurückgekehrt, trafen sich die beiden Damen zufällig im Supermarkt beim Einkaufen. Sie fielen einander in die Arme und freuten sich, dass der Zufall sie wieder zusammengeführt hatte. Da Kriemhild, zum Erstaunen ihrer Freundin, in Begleitung eines attraktiven, überaus charmanten Herrn war, plauderten sie nur kurz und versprachen, am nächsten Tag miteinander zu telefonieren.

Obwohl Evelyn vor Neugierde fast platzte, behielt sie Haltung, überfiel ihre Freundin beim Telefongespräch nicht gleich mit Fragen, sondern arbeitete sich geschickt an das hoch interessante Thema heran. „Also, ich muss schon sagen, dein Begleiter hat auf mich einen sehr guten Eindruck gemacht, überaus sympathisch und liebenswürdig, wenn es mich auch irritiert, ich hoffe, du verzeihst mir, dass ein Mann eine solche Schwäche für die Farbe Grün hat. Einen grünen Schlips, ein grünes Hemd zu tragen, finde ich nicht ungewöhnlich. Aber grün von oben bis zu den Schuhen, das ist, musst du zugeben, ein wenig exaltiert. Nichtsdestotrotz ist dein Bekannter ungemein elegant und gutaussehend. Ich habe leider, als er sich vorstellte, nicht ganz verstanden, wie er heißt. Es hörte sich so ausländisch an." Während sie noch überlegte, wieso ihr der von der Freundin gerade genannte Name *Rana Esculenta* so bekannt vorkam, konnte sie sich doch nicht verkneifen, einen weiteren kleinen Seitenhieb auszuteilen. Insgeheim wurmte es sie, dass Kriemhild einen Partner gefunden hatte und nun an den Wochenenden vermutlich nicht mehr zur Verfügung stand. Deshalb meinte sie ein klein wenig boshaft: „Findest du es nicht auch ein bisschen albern, bei allem Sinn für Humor, dass dein Begleiter auf meine Frage, ob ihr nicht Lust hättet, am Sonntag zu mir zum Kaffee zu kommen, laut und vernehmlich *Quak* sagte?"

Ein Kater muss tun, was ein Kater tun muss

Früher war alles besser. Man kümmerte sich um mich, brach in Beifallsstürme aus, wenn ich lässig-elegant das Wohnzimmer betrat, gab mir, vor Liebe überfließend, die zärtlichsten und manchmal auch albernsten Kosenamen, streichelte, bürstete und verwöhnte mich. Das Essen war spitze, von Frauchen selbst gekocht, zart gewürzt und noch leicht warm, so wie wir, mein Magen und ich, es mögen. Die tägliche Spielstunde war eine Selbstverständlichkeit, bei der sich die Familie abwechselte, damit jeder einmal in den Genuss kam, mich in Top-Form zu erleben. Meine Purzelbäume, Sprünge und Saltos waren legendär. Ich ließ mir eine Menge einfallen, um meine Leute zu unterhalten, aber irgendwann wurden Computer, Zweit- und Drittfernseher angeschafft und Franky-Boy war abgemeldet.

Die Kinder sind plötzlich zu erwachsen, um mit ihrem alten Katerkumpel ein paar Ringkämpfe auf dem Teppichboden zu veranstalten. Auch Herrchen schaut nach dem Abendessen nicht mehr als erstes nach seinem *Schnäuzelchen und Schnurrebärchen*, sondern fährt seinen PC hoch, um dann für Stunden in der Versenkung zu verschwinden. Als die Dame dieses Trauerhauses auch noch anfing, sich – wie sie mehrfach betonte – selbst zu verwirklichen, gab sie unserer Beziehung den Todesstoß. Dosenfutter verstopft nun die Schränke in den Räumlichkeiten, in denen einst Nouvelle Cuisine regierte. Keine köstlichen Düfte steigen mehr in meine Nase und lassen mich in Vorfreude genüsslich sabbern.

„Nun gut, ihr wollt es nicht anders. Ich habe euch mehrfach verwarnt und Signale gesetzt. Ich erinnere nur an mein Protesthäufchen im Arbeitszimmer des gnädigen Herrn und an die umgekippte Futterschüssel in der Küche. Ihr habt nichts begriffen, nur einen lächerlichen Indianertanz aufgeführt, herumgeschimpft und mich dann wieder ins Elend zurückgeworfen, ins Gleichmaß, in die Langeweile und ins Ungeliebtsein. In einer halben Stunde bei Tagesanbruch werde ich euch für immer verlassen. Manchmal muss ein Kater tun, was ein Kater tun muss, um seine Würde wiederzufinden. Ich werde gehen und nicht zurückblicken, nicht ein einziges Mal. Ihr habt mich verloren, weil ihr mir Liebe und Respekt schuldig geblieben seid und weil ihr mir das Herz gebrochen habt. Aber wir Katzen sind hart im Nehmen und in der Lage, vieles zu überwinden, denn unser eigentliches Zuhause ist die Wildnis. Nichts kann uns schrecken, da die fein entwickelten Sinne uns zu perfekten Jägern, um genau zu sein, zu perfekten Schleichjägern machen, immer mit der Gefahr auf du und du. Wie ein einsamer Wolf werde ich durch die Lande ziehen und mir mein Frühstück selber fangen. Wenn ich jetzt durch das Katzentürchen laufe, fühle ich mich wie Cäsar, als er den Rubikon überschritt: *Alea iacta est! Die Würfel sind gefallen.* Schnell noch den Weg sichern, ob nicht die Nachbarkatze Betty einen Morgenspaziergang macht und wieder Streit sucht. Die Weiber werden auch immer dreister!" Während Franky nach draußen schnuppert, geht langsam eine rote Sonne auf, so rot wie frisches Hackfleisch. „Bah, ist das kalt draußen! Gefühlte minus sechs Grad Celsius würde ich mal sagen. Ich hätte schon im Frühling das Handtuch werfen sollen. Mein Fell ist noch gar nicht auf diesen vorzeitigen Wintereinbruch eingestellt, so seidig, wie es ist. Los, alter Knabe, raus mit dir in den Garten! Wie sagen die alten Chinesen immer: *Jeder Weg beginnt mit dem ersten Schritt.* Ach du lieber Himmel, der Goldfischteich hat eine Eisschicht! Also das muss ich mir nicht antun. Ein erfrorener Kater nützt niemandem. Ich muss es ja nicht übereilen. Wie heißt es so schön? *Morgen ist auch noch ein Tag.* Vielleicht steigen die Temperaturen bald wieder an. Aufgeschoben ist nicht aufgehoben. In der Zwischenzeit werde ich mich jetzt in der Bibliothek hinter die Klassiker verziehen und ein Schläfchen halten. Euer mickriges Dosenfutter könnt ihr dem hiesigen Tierheim spenden. Ich bin ohnehin zu fett geworden und passe kaum noch durch die Katzentüre. Ab und zu ein kleines Mäuschen und viel frisches Wasser machen im Schnellverfahren aus mir wieder ein drahtiges Kerlchen."

36 Stunden später.

„Es ist schon erstaunlich, wie meine Familie, pardon, ich meine Ex-Familie, durch das Haus wuselt und sich gegenseitig Vorwürfe macht, weil das Futter unangetastet malerisch im Fressnapf vertrocknet. Ich bin erstaunt, wie schnell meine Lieben den Zusammenhang zwischen dem verschwundenen Franky und seiner Vernachlässigung begriffen haben. Intelligent wie ich nun mal bin, habe ich selbstverständlich mein Geschäftchen nicht in die Katzentoilette gemacht, sondern mich bei dieser grässlichen Kälte nach draußen geschleppt und die Büsche am Feldrand gedüngt. Die Rückkehr zu Goethe, Schiller und Shakespeare, die eine wunderbare Deckung abgeben, war dank Katzentüre eine der leichteren Übungen. Meine gespitzten Ohren vernehmen Unglaubliches. Herrchen schwört hoch und heilig mit seltsam belegter Stimme, nicht mehr als eine Stunde an dem verdammten Computer zu hocken, sondern sich wieder wie in alten Zeiten mit Frau, Kindern und vor allem mit Schnurrebärchen zu beschäftigen, sollte sein Liebling zurückkommen. Ich hätte gar nicht gedacht, dass ich auch den zwei nervigen Burschen, die sich ewig cool geben, derart fehlen könnte: keine laute Musik dröhnt durch die Räume, kein Fernseher läuft stundenlang, keine endlosen Telefonate mit wechselnden Freundinnen. Der eine kaut selbst vergessen an seinen Fingernägeln und teilt seinem Bruder mit, ich sei der Weltmeister im Sprünge machen. Der andere nickt stumm, schaut seit einer halben Stunde auf die Katzentüre und testet zwischendurch, ob sie nicht klemmt. Am meisten bewegen mich Frauchens Tränen. *Das Haus ist so leer!*, schluchzt sie. *Wahrscheinlich ist er weggelaufen, weil jeder sich nur noch um sich kümmert. Wir sind überhaupt keine richtige Familie mehr. Was hat er immer so gerne meinen Tafelspitz weggeputzt. Kein Fitzelchen ist übrig geblieben. Im Gefrierfach liegt schon seit längerem herrliches Suppenfleisch.* Hör auf Frauchen, mir läuft das Wasser im Munde zusammen! Shakespeares *Romeo und Julia* ist von hinten schon leicht angesabbert."

„Vielleicht ist er schon tot. Er kennt sich doch mit dem Straßenverkehr nicht aus." Heftiges Weinen und kräftiges Naseputzen folgen. Wohin ich schaue, betretene Gesichter und mir kommt der Gedanke: *Warum soll ich mir eigentlich die Barthaare abfrieren, wenn es die Möglichkeit gibt, so zu tun als sei ich abgehauen?*

Beim Abendessen herrscht eine wundervoll gedrückte Stimmung. Von meinem Versteck aus höre ich kaum Geschirr klappern. Keiner außer mir scheint Hunger zu haben. Die Düfte, die vom Esszimmer hereinziehen, rauben mir fast den Verstand. „Durchhalten, Franky! Durchhalten! Lass dich nicht von deinem Magen unterjochen! Die reuigen Sünder müssen noch ein oder zwei Tage schmoren, und dann, wenn alle versammelt sind, tauche ich wieder auf, zerzaust, abgemagert, hohlwangig und mit stumpfem Blick. Ich werde mit Haltung, aber hinkend die Schwelle übertreten. Sollten sie ihre Versprechungen wahrmachen, bekommen sie eine zweite Chance. So wahr ich Franky heiße."

My Home is my Castle

Edward vertrat seit langem die Ansicht, ein maßgeschneiderter Anzug und ein Haus hätten einiges gemeinsam. Beide wären nur für eine ganz bestimme Person gedacht, da sie unbedingt zusammenpassen müssten. Sie dürften nicht zu groß und nicht zu einengend sein. Eben maßgeschneidert. Auch die Qualität sollte stimmen. Deshalb sei es wichtig, bei der Anfertigung nur beste Materialien zu verwenden. Zum einen, um eine gewisse Langlebigkeit zu garantieren, zum anderen, um sich darin wohl zu fühlen. Hinzu komme noch, dass die meisten Mitmenschen alles nach dem äußeren Schein beurteilten und sich nicht der Mühe unterzögen, dahinter zu blicken. Von eleganter Kleidung werde selbstverständlich auf Besitzstand, Bildung und gesellschaftliche Stellung geschlossen, wovon die Literatur mit zahlreichen Beispielen aufwarten könne, man denke nur an Gottfried Kellers Novelle *Kleider machen Leute*.

Ähnlich sei es mit Häusern, philosophierte Edward weiter, goss sich eine zweite Tasse Tee ein und ließ sahnige Milch in der rotbraunen Flüssigkeit tanzen. Ein Gentleman, der in einem klotzigen Kasten wohne, gelte schnell als Ausbeuter und Kapitalist, der sich auch heute noch als Sklaventreiber betätige. Ein schäbiges schlichtes Haus hingegen veranlasse zu abwertenden Gedanken, sinnierte Edward. Die Gegenwart, mit einem *Loser* zu teilen, erscheine den wenigsten als erstrebenswert. Ein kultiviertes Zuhause jedoch, mit gepflegtem Garten, nicht zu groß und nicht zu großkopfert, nicht zu kümmerlich und nicht zu sparsam, mache klar, hier wohne eine Person mit Klasse und Stil, der ein gewisses Understatement anhafte. Kurz gesagt, ein Mensch von Welt.

Er seufzte tief, ließ den linken Arm hängen, tastete am Sessel entlang, bis seine Hand auf ein weiches Fell stieß und kraulte hingebungsvoll den Kopf eines schlafenden Cavalier King Charles Spaniel. „Komm, alter Junge, Zeit für einen Spaziergang!" Dann erhob sich Edward aus seinem urgemütlichen Sessel, dessen abgewetzter Bezug darauf schließen ließ, dass er schon mindestens von einer Generation vor ihm als Sitzgelegenheit geliebt worden war.

Der große hagere Mann zog nachlässig seine ausgeleierte Hose hoch, schubste den Hund sacht in die Seite und schlurfte mit einem *Komm endlich!* langsam die endlosen Gänge seiner einst prächtigen Stadtvilla entlang, in der vor Jahrzehnten Duzende von hopsenden Kinderfüßchen Leben in das Treppenhaus und in die Räumlichkeiten gebracht hatten.

Während er dem Klang seiner schleifenden einsamen Schritte lauschte, fasste er den Entschluss – übrigens zum 255. Male in diesem Jahr – morgen würde er etwas unternehmen. Morgen würde er zu einem Immobilienmakler gehen, um sein riesiges Anwesen zu veräußern und sich ein passendes zuzulegen, eben ein maßgeschneidertes Haus.

Die andere Möglichkeit wäre, es bei der hiesigen Zeitung mit einer Heiratsanzeige zu versuchen. Dann könnten vielleicht irgendwann einmal die unendlich vielen Zimmer wieder so bevölkert und lebendig werden wie früher und zu ihm und seiner Familie passen. Bis dahin wollte er mit dem vorliebnehmen, was ihm seine Vorfahren vererbt hatten, denn schließlich war sein Heim, wie er als Brite wusste, immer noch *sein Castle*. Aber vielleicht sollte er das Ganze nicht zu hektisch angehen und morgen erst einmal seinen Schneider aufsuchen und sich einen Maßanzug anfertigen lassen.

Treffpunkt Bahnhof

So wie es aussah, würde er sich eine Erkältung holen, wenn er nicht bald ins Warme käme. Von Alex und Paul war weit und breit nichts zu sehen. Kai-Uwe klappte den breiten Kragen seines eleganten dunkelblauen Lodenmantels nach oben und zog den Kaschmirschal enger um den Hals.

„Ganz schön naiv von mir zu glauben", brummte er, „die zwei würden kommen." Zornig kickte er eine leere Zigarettenschachtel quer über den einsamen Bahnhofsvorplatz, wo sie auf einem großen Haufen lieblos zusammengekehrter gelber Ahornblätter landete. Die nahezu kahlen Äste nickten ihm spöttisch zu, raschelten im eisigen Wind heftig mit ihrem verbliebenen Laub und rieselten eine Mischung aus Staub und krümeligen Blattresten auf sein Haar. „20 Jahre", knurrte er, während seine manikürten Finger den Schmutz herausschüttelten, „20 Jahre ist eine verdammt lange Zeit und ich bilde mir ein, das heutige Datum hätte nicht nur für mich Bedeutung."

Kai-Uwe sah sich enttäuscht um. Der Platz vor dem Hauptgebäude des kleinen Bahnhofs war noch verkommener, als er ihn in Erinnerung hatte. Papierkörbe waren aus der Verankerung gerissen oder in Brand gesteckt worden. Der Zigaretten-Automat, an dem sie als Schüler ihre Glimmstängel kauften und anschließend hinter den Nebengebäuden hektisch rauchten, anfangs hustend, später dank fleißiger Übung lässig inhalierend, blickte ihn mit leeren zerschlagenen Augen an. Auch der Kaugummi-Kasten, der damals nur durch Einwurf eines 50-Pfennig-Stücks und drei kräftigen Faustschlägen auf die Nase, wie Paul es nannte, seine Waren ausspuckte, war halb abgerissen und verbeult. Nach ihren heimlichen Rauchaktionen war er der Retter gewesen, damit die Eltern, durch frischen Atem getäuscht, nichts mitbekamen.

Kai-Uwe schlenderte zum größten der Bäume, der wie die anderen im Laufe der Jahre mächtig und ausladend geworden war. Er schaute nach oben und versuchte, die Stelle zu finden, an der Alex ihrer Freundschaft ein Zeichen gesetzt und in die graue Rinde ein FAE für FREUNDSCHAFT AUF EWIG mit seinem Taschenmesser geschnitzt hatte. Feuchtigkeit zog in seine handgearbeiteten edlen Elchleder-Schuhe, als er auf Fußspitzen stehend erfolgreich versuchte, mit seinem Zeigefinger die Buchstaben zu ertasten. Er spürte Tränen in seinen Augen brennen, ein Luxus, den ein harter Knochen wie er sich nur selten erlaubte. Wer auf der Karriere-Leiter ganz oben stand, war gut beraten, sich Gefühle zu verkneifen und das Herz gegen Eiswürfel auszutauschen.

Und genau das warfen ihm seine Freunde vor. Er habe ihre Träume und Ziele verraten, kaum dass er die Heimat verlassen und in Berlin sein Studium begonnen hatte. Im Schnellverfahren absolvierte er Staatsexamen und Promotion in den Fachbereichen Jura und Wirtschaftswissenschaften und durchflog wie Superman den Mikrokosmos wichtiger Betriebe. Anfangs war es das Interesse an den Lerninhalten und das Ausloten der eigenen Fähigkeiten gewesen, das ihn antrieb, aber immer vor dem Hintergrund, sein Wissen irgendwann einmal sinnvoll und nützlich einsetzen zu können.

Ohne dass es ihm aufgefallen war, veränderte sich sein Bekanntenkreis im Laufe der Zeit. Karrieristen nahmen die Plätze von kritischen Gesprächspartnern ein, beeinflussten sein Denken, halfen scheinbar freundschaftlich, den Weg nach oben gemütlich auszupolstern. Es behagte ihm nicht, diese Art der Gefälligkeiten erwidern zu müssen. Er fühlte sich eingeengt und manipuliert. So stürmte Kai-Uwe rücksichtslos weiter und landete schließlich auf dem Olymp, dem Gipfel der Macht, wo die Luft allerdings sehr dünn ist und wirkliche Freunde selten sind, wie eine Streunerkatze ohne Flöhe. Die Träume von Unbeschwertheit, Reisen, der Welt und den Menschen auf den Zahn zu fühlen, befanden sich fein säuberlich abgeheftet in irgendwelchen verstaubten Aktenordnern. Ihm war selbst nicht klar gewesen, dass sein Ehrgeiz, an die Spitze zu kommen, nicht ein vorübergehendes Ziel, sondern sein Lebensinhalt geworden war. Wie ein Süchtiger glaubte er, jederzeit damit aufhören zu können, merkte aber nicht mehr, dass er nur noch ein Getriebener war.

In der Zwischenzeit seilten sich seine Kumpel ab, nicht ohne ihn immer wieder aufzufordern mitzukommen, ließen Studium Studium, später Job Job sein, tourten immer wieder einmal ein paar Monate lang durch die Welt, hielten sich mit Gelegenheitsjobs über Wasser, erlebten *die Ups and Downs*, die das Leben in der Fremde mit sich bringt und kehrten um viele Erfahrungen reicher in die Heimat zurück. Bei den wenigen Treffen und Telefonaten gab es auf beiden Seiten wenig Verständnis für die Einstellung der Anderen und harte Worte fielen, wie zum Beispiel, dass Kai-Uwe ein von Ehrgeiz gebissenes bourgeoises Arschloch sei, dem die Zunge nach Geld und Erfolg sichtbar aus dem Mund hänge. Paul und Alex hingegen mussten sich anhören: *Ihr Traumtänzer meint, ihr habt unseren Planeten verändert, nur weil ihr in Afrika ein paar Schwarzen die Hand geschüttelt habt. Na, heute schon die Welt gerettet?"*

Fröstelnd zog er die Schultern hoch und ging zu dem wackeligen Zaun, der an das Bahnhofsgebäude grenzte und den Durchgang zu den Geleisen versperren sollte. Ihm war schon lange klar, er hatte sich arrogant und verletzend benommen, nicht wirklich argumentiert, sondern sich beleidigt zurückgezogen. Nicht, dass er völlig im Unrecht war. Die Wahrheit, wenn es denn eine gab, die für alle passte, lag irgendwo in der Mitte. Er schaute durch das Loch, das sie damals gebohrt hatten, obwohl sie die Züge genauso gut vom Bahnhof aus beobachten konnten. In seiner Erinnerung war es viel größer gewesen, eben so groß wie ihre Träume von Freiheit und Unabhängigkeit. Manchmal füllten sie diese abstrakten Worte mit wundervollen Gedanken wie in der Wüste zu übernachten, auf sich gestellt an ihre Grenzen zu kommen, auf Menschen zuzugehen, Vorurteile abzubauen, Einfachheit zu erleben und das Wenige, das sie hatten, zu teilen.

Wie weit war er doch entfernt von dem, was einmal wichtig gewesen war. Geld und Macht hatten ihn schnell korrumpiert, ihm im Gegenzug jedoch die Freude an der Arbeit, geistige Beweglichkeit und seinen Schwung genommen. Er fühlte sich leer und müde.

Liebevoll strich er über das spröde Holz. In wenigen Wochen würden hier die Bagger anrollen und alles niederreißen, hatte er erfahren. Eine zeitgemäße Bahnhofsanlage sollte entstehen, mit Geschäften, einem Café und modernen Schaltern und Wartehalle. Dann gab es nichts mehr, das ihn an die alten Zeiten erinnerte, als Lachen und das Aushecken von Verrücktheiten zu seinen Lieblingsbeschäftigungen gehörte. Er schaute noch einmal zu den heruntergekommenen Nebengebäuden, dem inzwischen geschlossenen Bistro mit den Flipper-Automaten, wo sie heftige Schlachten geschlagen hatten, begleitet von dröhnender Musik, zu der Bank neben der Bushaltestelle, an der sie sich nahezu täglich verabredeten, um gemeinsam etwas zu unternehmen.

Damals auf der Abiturfeier hatten sie einander geschworen, Freunde zu bleiben. Was immer das Leben mit ihnen auch vorhatte und falls sie aus irgendwelchen Gründen nicht mehr zusammen wären, wollten sie

20 Jahre später, an Pauls 39. Geburtstag, ihren alten Treffpunkt aufsuchen, um anschließend, wie Alex es nannte, kräftig einen drauf zu machen.

Langsam ging er auf sein Auto zu. Er hatte vor, zurück nach Berlin zu fahren, unterwegs etwas zu essen und in einem gemütlichen Hotel zu übernachten. Ihm war klar, was er tun musste. Lange genug hatte er sich im Recht gefühlt und sich verletzt zurückgezogen. Paul und Alex waren ihm immer noch so wichtig, dass er von zu Hause aus telefonisch vorsichtige Versuche wagen wollte, ob ihre alte Freundschaft nicht vielleicht doch noch zu kitten war. Er würde den ersten Schritt machen.

Als er hinter sich ein kräftiges Rascheln vernahm, drehte er sich erstaunt um, sah, wie sich ein dichter Busch teilte und zwei Gestalten, die ihn scheinbar schon länger beobachtet hatten, breit grinsend auf ihn zukamen. Dann hörte er: „Um die Ecke hat eine tolle Kneipe aufgemacht. Was ist Kumpel, kommst du mit?"

Madonna, hilf!

„Madonna, hilf mir! Lass nicht zu, dass man mir meinen Mann nimmt!" Die hochschwangere Esmeritá kniete schwerfällig vor einer prachtvollen Mutter Gottes Statue. „Ich weiß, ich habe oft auf Carlos geschimpft, wenn er wieder einmal nach der Arbeit nicht nach Hause kam, sondern sich in der Bodega volllaufen ließ. Er ist unzuverlässig und faul, aber ein liebevoller Ehemann und zärtlicher Vater. Ich bin noch nie von ihm geschlagen worden. Im Gegenteil, er bringt mich oft zum Lachen. Wenn ich wieder einmal so richtig wütend auf ihn bin, küsst er mich und sagt, ich sei die schönste Frau in diesem Teil Kolumbiens. Den Kindern erzählt dieser Verrückte selbst erfundene Geschichten und singt sie in den Schlaf. Was macht es da schon, Madonna, dass er ab und zu besoffen ist? Schließlich ist er ein Mann. Stell dir vor, er ist heimlich in eine der geschlossenen Minen eingedrungen und hat in seiner knappen freien Zeit wochenlang in den Gesteinsbrocken gesucht, bis er diesen Smaragd für mich gefunden hat." Die junge Frau öffnete einen Brustbeutel, nahm einen leuchtend grünen Stein heraus und legte ihn der Gottesmutter vor die Füße.

Auf dem Marktplatz des kleinen Ortes Chivor, der zu der gleichnamigen Smaragd-Mine gehört, standen die Menschen und diskutierten wild gestikulierend. Fäuste wurden geballt und Verwünschungen gegen die Besitzer dieser bedeutenden Lagerstätte geäußert. Weinende Frauen ließen lautstark ihren Schmerz und ihre Trauer heraus. Eine verwachsene, unglaublich alt aussehende Frau humpelte auf einen vierschrötigen Kerl zu, der ganz besonders zornig herumbrüllte. „Was ist hier los, Paolo?"

„Was hier los ist, Maria? Teile der Mine sind eingestürzt. Das ist hier los! Die feinen Herren hocken in Bogotá, treiben sich mit Weibern herum, fahren dicke Autos und uns lassen sie wie die Idioten im Stollen schuften. Jeder, der auch nur ein klein wenig Verstand und Herz hat, weiß, man kann Smaragde genauso gut in stufenförmigen Terrassen abbauen. Natürlich ist es billiger, uns arme Schweine in den Stollen zu schicken, auch wenn wir dabei verrecken. Ich habe schon vor Wochen den Vorarbeiter, diesen Speichellecker, darauf hingewiesen, dass die alten Schächte nicht mehr sicher sind. Seine Antwort war, ich könnte ja zu Hause bei meiner Frau bleiben und ihr ein achtes Kind machen, wenn es mir nicht passt. Die Minenbesitzer würden auf einen wie mich gerne verzichten. Ich habe Glück gehabt, Maria. Ich war für die Spätschicht eingeteilt. Die von der Frühschicht hat's erwischt. Vermutlich sind beim Abschlagen des weichen Muttergesteins Teile des Hauptganges eingestürzt, so morsch wie die Stützbalken waren. Einer meiner Brüder ist in der Mine, begraben von diesem gottverdammten schwarzen Kalkschiefer." Er schluchzte verzweifelt auf, als ihm die buckelige Maria tröstend die Hand auf den Arm legte, während sie sich bekreuzigte.

„Madonna", schluchzte Esmeritá", mein armer Carlos wollte heute Morgen nicht aufstehen, da er noch von seinem gestrigen Saufgelage einen Brummschädel hatte. Aber ich habe ihn aus dem Bett gezerrt und ihm klargemacht, dass er seine Arbeit verliert, wenn er wieder einmal nicht dort erscheint. Deshalb habe ich auch den Tequila versteckt, weil er unbedingt vor der Frühschicht noch ein Glas trinken wollte, damit sich seine Kopfschmerzen bessern. Ich konnte doch nicht zulassen, dass er mit einer Alkoholfahne von seinem Vorarbeiter, dieser Ratte, aufgeschrieben und im Wiederholungsfalle entlassen wird. Und jetzt ist mein armer Carlos vielleicht schon tot, zerschmettert oder erstickt in diesem dunklen Stollen. Madonna, nimm diesen Smaragd und gib mir meinen Carlos zurück! Wenn er verletzt ist, will ich ihn gerne pflegen, nur lass ihn nicht sterben! Was soll aus mir und den Kindern werden?" Mühsam erhob sich die Schwangere, hielt sich mit beiden Händen den mächtigen Leib, wischte sich die Tränen aus ihren Samtaugen und verließ die Kirche durch eine Nebentüre.

Schon war sie mittendrin, in der wütenden Menge. Ihr war elend zumute und außerdem hatte sie schrecklichen Durst. Die Knie zitterten ihr und das Ungeborene machte sich durch heftiges Treten bemerkbar. Glücklicherweise befand sich die Erschöpfte in der Nähe einer Bodega. Aufatmend ließ sich Esmeritá auf einen der harten Stühle fallen.

In einer Ecke schnarchte ein Mann. Wahrscheinlich war er so betrunken, dass er von den schrecklichen Vorfällen nichts mitbekommen hatte. Plötzlich durchzuckte sie die Erkenntnis: schwarzer Wuschelkopf, rotes Halstuch, Schnarchen wie ein Bär: Carlos! Die junge Frau erhob sich und schrie seinen Namen: „Carlos!" und immer wieder „Carlos!"

Und tatsächlich, er war es. Ihr Mann sah sie erschrocken an und meinte vorsichtig, da er ihr hitziges Temperament kannte: „Esmeritá, Liebling, sei mir nicht böse! Heute Morgen musste ich unbedingt etwas trinken. Zu Hause hatten wir ja nichts mehr. Und dann bin ich hier versackt und schließlich eingeschlafen."

Leichenblass sank die Fassungslose auf einen Stuhl und stöhnte: „Madonna!"

Spring doch endlich, du Feigling!

Der neue Einsatzleiter Huber, der heute eigentlich seinen freien Tag hatte und einen Kollegen ablösen musste, da dieser mit seinen Leuten schon seit Stunden ausharrte, blickte grimmig nach oben, wo der Selbstmordgefährdete nach wie vor schweigend auf der Balustrade kauerte. *Der springt doch nie im Leben*, dachte er ungnädig. *Wie bin ich diese Flaschen Leid! Anständige Leute werden um ihre wohl verdiente Freizeit gebracht, nur weil solche Weicheier unfähig sind, zu Hause oder sonst wo auf den Tisch zu hauen. Eine Geliebte soll er auch haben. Ist mir unbegreiflich, dass Frauen auf derartige Versager stehen, die nichts auf die Reihe kriegen.*

Als hätte er seinen Gedanken laut geäußert, war plötzlich eine schrille weibliche Stimme zu hören: „Spring doch, du Feigling! Lass mich ruhig mit den Kindern im Stich! Es kümmert dich ja ohnehin nicht, was mit uns ist. Hauptsache, dein Flittchen lässt dich in ihr Bett."

Kommissar Huber schaltete sich sofort ein und ließ die Ehefrau, die sich bisher geweigert hatte, mit ihrem Mann zu sprechen, von zwei Ordnungshüterinnen entfernen, während der Dienst habende Psychologe augenblicklich bemüht war, das eben Geäußerte zu entkräften.

Die gewaltige Menschenmenge, eine wabernde Masse aus Kommenden und Gehenden, genoss es sichtlich, an den Schwierigkeiten anderer teilhaben zu können und das Zerbröckeln wohl gehüteter bürgerlicher Fassaden zu erleben. Für die Geliebte gab es hier allerdings wenig Sympathie und sie war gut beraten, sich irgendwo am Rande versteckt zu halten. Nachdem der Polizeipsychologe sie überredet hatte, ihre Liebe öffentlich zu machen, war ihr klargeworden, der Traum vom gemeinsamen Leben war ausgeträumt. *Spring doch, es hat ja alles keinen Sinn mehr!* hätte sie am liebsten laut gerufen. Ihr Liebster würde in den Knast wandern, da seinem Chef die Unterschlagungen bereits aufgefallen waren, mit denen ihr Freund den Neubeginn finanzieren wollte, und bis er wieder herauskam, war sie eine alte Frau.

Damian Drewitz, der Geschäftsführer des kleinen, eleganten Juweliergeschäfts stand frierend vor dem Laden, hatte die Aktionen zur Rettung interessiert, aber relativ emotionslos verfolgt. Er war lediglich erstaunt über seinen Nachbarn Dr. Rüders, der da oben auf dem Sims wie ein unförmiger Wasserspeier hockte. *Ich hätte dem Langweiler niemals so eine attraktive Geliebte zugetraut, schlank und toll proportioniert*, dachte er seufzend, sie mit seiner besseren Hälfte vergleichend, die es sich wohl genährt zu Hause gut gehen ließ, während er Tag für Tag dicken, fleischigen Fingern Ringe aufschwatzte und Goldketten um faltige Hälse legen musste. Aber so war das nun einmal, wenn man in einen florierenden Betrieb einheiratet und selber nichts einbringt.

Plötzlich legte sich von hinten eine behandschuhte Pranke schwer auf die linke Schulter und etwas Hartes bohrte sich zwischen seine Schulterblätter. Drohend befahl eine tiefe Stimme: „Nicht umdrehen, sonst knall ich dich ab! Schön langsam und unauffällig in deinen Laden gehen, Alter, und dort brav Bargeld aus der Kasse und dem Tresor nehmen! Ich sag dir's nur einmal, sonst gibt es ein paar hässliche Löcher in deinem Jackett! Kapiert?"

Der so Angesprochene hatte nicht vor, als toter Held zu enden und spielte die Rolle des Musterknaben und Befehlsempfängers, auf die er seit Jahren abonniert war, ohne nachzudenken oder gar zu murren. Widerstandslos ließ er sich mit Klebeband, das in den hinteren Räumen lagerte, knebeln und fesseln, nachdem Geld und ein paar Goldketten den Besitzer gewechselt hatten. Heimlich musste er grinsen. Das würde seiner Hildegard gar nicht gefallen. Und wer bestand schon seit Monaten darauf, endlich eine Video-Überwachungsanlage einzubauen? Er. Und wer hatte sich wiederholt aus Geiz geweigert? Hildchen.

Im Golf-Club und am Stammtisch würde er diesen Überfall wortreich ausschlachten und den bewundernden Zuhörern schildern, wie er vergeblich versucht hatte, seinem Peiniger – jawohl, so würde er ihn nennen – die Pistole im Zweikampf zu entreißen. Endlich geschah einmal etwas Aufregendes in seinem dahinplätschernden Leben. Auch seine Frau würde ihn von jetzt an mit ganz anderen Augen sehen, wenn sie in ein bis zwei Stunden den Laden beträte und ihren tapferen Mann hilflos, an einem Stuhl klebend, vorfände, begreifend, dass sie beinahe Witwe geworden wäre.

Glücklicherweise war alles glimpflich verlaufen, da der Kriminelle seine Beute hastig in einer Einkaufstasche verstaute, aus der, Drewitz musste lachen, Bananen herausschauten, und dann rasch verschwand. Da das Opfer im Nebenzimmer mit dem Rücken zum Geschehen sitzen musste, hatte es nicht alles genau sehen können, versuchte jetzt aber, unter großer Anstrengung mit seinem Stuhl in Richtung Tresor zu rutschen. Fassungslos sah der Erschöpfte, dass an der offenen Safetüre eine große leuchtend gelbe Banane mit Klebestreifen befestigt war.

Er hörte gerade noch, dass draußen per Lautsprecher alle Aktionen zur Rettung des armen Kerls auf der Balustrade abgeblasen wurden, weil dieser vermutlich das Handtuch geworfen hatte und in den Schoß der Lebenden zurückzukehren bereit war.

Sein Blutdruck stieg, der Puls raste und das auf Hochtouren arbeitende Gehirn sendete ihm eine schlimme Nachricht. Bevor eine gnädige Ohnmacht ihn überfiel, die für einige Zeit verhinderte, die Tatsache akzeptieren zu müssen, dass die Tatwaffe keine Pistole, sondern nur eine kräftige Banane gewesen war, hatte er den Wunsch, Dr. Rüders zuzubrüllen: „Spring doch endlich, du Feigling, sonst werden sie über dich lachen, genau wie über mich!"

Der Besitzer, der ladenfrischen Tatwaffe, war ganz gewiss kein kriminell unbeschriebenes Blatt. Vermutlich hatte er, als er vom Einkauf kam und die Aufmerksamkeit aller auf den Selbstmordkandidaten gerichtet sah, die für ihn günstige Situation genutzt und ein klein wenig improvisiert.

Das Aquarell

Katja war froh, dem Trubel des Weihnachtsmarktes entronnen zu sein. Die schiebenden Menschenmassen hatten ihr die Illusion genommen, sich gemütlich an einem Glühweinstand auf Weihnachten einstimmen zu können. So war sie in die Räumlichkeiten des angrenzenden Künstlermarktes geflohen, der an diesem Spätnachmittag relativ gering besucht war.

Auf dem Heimweg von ihrer Arbeit war ihr der Gedanke gekommen, durch die Stadt zu bummeln und anschließend den Christkindel-Markt zu besuchen, da außer der Katze niemand zu Hause war. Hans-Georg, ihr Mann, hatte gesagt: „Warte bloß nicht mit dem Abendessen auf mich! Dein Herr und Gebieter macht heute die Kneipen in der City unsicher. Ein Kollege feiert seinen 50. Geburtstag und hat alle aus unserer Abteilung eingeladen."

Die hohen Ausstellungsräume mit ihrem prachtvollen spätgotischen Fischblasen-Stuck an den Decken waren durch breite Paravents in zahlreiche Nischen aufgeteilt, so dass sich Katja beim langsamen Hindurchschlendern von niemandem belästigt fühlte und in aller Ruhe die Exponate betrachten konnte. Wundervoll handgearbeiteter Silber- und Goldschmuck mit und ohne Edelsteine wechselte mit meisterlich ausgeführten Seidenmalereien, gewebten Tüchern in kraftvollen Herbstfarben, kleinen Ölgemälden und farbenfrohen Aquarellen ab.

Sicherlich würde sie hier ein passendes Geschenk für ihren Mann finden, der in wenigen Tagen Geburtstag hatte. Ein paar Manschettenknöpfe aus Lapislazuli mit breiten goldfarbenen Pyrit-Einschlüssen stachen ihr ins Auge. Sie hatten zwar ausgemacht, sich nur noch Kleinigkeiten zu schenken, da Hans-Georgs Betrieb Kurzarbeit angemeldet hatte, aber irgendwie konnte sie sich noch nicht so recht an ihre veränderte finanzielle Situation gewöhnen. *Nicht übel!* dachte sie und erkundigte sich bei der charmanten Künstlerin nach dem Preis.

Das schwere mit Bronze verkleidete Eingangstor öffnete sich, eine fröhliche Glühwein selige Männergruppe trat ein und verteilte sich lautstark in den Gängen. Ein Nachzügler eilte mit den Worten: „Jetzt wartet doch mal auf mich!" hinterher und blieb abrupt vor einem Aquarell in Blau-, Türkis- und Grüntönen, auf das sein Blick zufällig gefallen war, stehen. Wie ein Goldfisch im Teich, dessen Wasser bei extrem sommerlichen Temperaturen zu wenig Sauerstoff enthält, öffnete und schloss er nach Luft schnappend den Mund, ging ehrfurchtsvoll auf das Gemälde zu, strich vorsichtig mit der Hand über einige Stellen und schaute, es fast mit der Nase berührend, auf die Signatur. Einen kurzen Moment lang war die Beobachterin sprachlos, dass der Zufall ihren Mann ausgerechnet zum selben Zeitpunkt dorthin führte, wo sie sich aufhielt. Gleich würde er seinen obersten Hemdknopf öffnen. Das tat er immer, wenn er sich aufregte. „Und jetzt", flüsterte sie, „bekommst du einen roten Kopf und fängst an zu schwitzen." *Verrückt, wie gut man die Eigenheiten seines Partners nach so vielen Ehejahren kennt*, dachte Katja gerührt.

Eine ältere Dame, die neben Bildern auch für Seidentücher zuständig war, sprach ihn an. Seine Verzückung schien ihn taub zu machen, denn er reagierte nicht. Plötzlich eilte ein lachender Kollege herbei und zerrte den Widerstrebenden am Ärmel in den hinteren Bereich, wo eine reizende junge Blondine, umringt von einer Horde Männer, lustige Weihnachtskrawatten vorführte. Durch Druck an einer bestimmten Stelle löste sie einen Mechanismus aus und Weihnachtslieder ertönten.

Katja hatte keineswegs vor, das Männertreffen zu stören und blieb hinter der Säule stehen, die sie verbarg. Die Tatsache, dass sich ihr Mann derart für ein Aquarell begeisterte, empfand sie als Glücksfall. Endlich konnte sie ihm einmal etwas schenken, von dem sie 100 Prozent sicher war, es würde ihm gefallen. Rasch trat sie zu der Verkäuferin, erfragte den Preis, der ihr angemessen erschien, hielt in weniger als zwei Minuten den Kassenbon und das Bild in Händen. Da sie in der Ferne Hans-Georg zurückkommen sah, verzichtet sie auf sorgfältiges Einpacken, entriss der erstaunten Frau das Gemälde, steckte ihre Eroberung, als habe sie Angst, man wolle es ihr wegnehmen, unter den weiten Mantel und verschwand, schnell wie eine Diebin aus den Kunsthallen.

So bekam sie auch nicht die Enttäuschung und das Entsetzen von Hans-Georg mit, der vor der leeren Stelle an der Wand stand und immer wieder fassungslos nach der Person fragte, die ihm das Bild vor der Nase weggeschnappt hatte. Schließlich machte er den völlig unsinnigen Versuch, hinterher zu rennen.

In dieser Nacht schlief Katja so gut wie schon lange nicht mehr. Ihr Mann hingegen erschien übernächtigt mit aschgrauem Gesicht und ließ sich nicht überreden, außer einer Tasse Tee irgendetwas zu sich zu nehmen. „Nein, ich habe keinen Kater und bin auch nicht krank. Ich habe einfach keinen Hunger." reagierte er ungehalten auf die Fragen nach seinem Befinden. „Lass mich um Gotteswillen in Ruhe!", knurrte er, stand auf, riss seinen Mantel vom Haken und verließ grußlos die gemeinsame Wohnung.

Genau das hatte sie schon einmal durchgemacht, damals vor drei Jahren. Hans-Georg war von der Firma für ein paar Wochen nach Antwerpen geschickt worden und lernte dort eine attraktive flämische Malerin kennen, Myriam Eskens. Katja ahnte gleich bei seiner Ankunft, dass eine andere Frau im Spiel war. Ihr Mann roch so fremd, nicht mehr nach Arbeit, Anstrengung und Rasierwasser aus dem Supermarkt, sondern nach teuren Düften, nach Farbe und Freiheit. Er trug Halstücher mit Paisley-Muster und verbannte seine Krawatten in die hinterste Ecke des Schrankes.

Wortkarg und unglücklich quälte er sich durch die Konversation bei den Mahlzeiten. Seine Frau stellte sich unwissend, obwohl sie schon längst fündig geworden war. Kein Notizzettel, keine Rechnung in seinen Taschen war ihr unbekannt. Sie belauschte seine Telefonate, verfolgte Nummern zurück, bis die Verzweifelte schließlich in detektivischer Kleinarbeit Fakten zu Fakten legen konnte. Wenn sie lange genug schwieg, so hoffte sie, würden die Zeit und die weite Entfernung vielleicht für sie arbeiten, da Hans-Georg beruflich sehr eingespannt war und deshalb nur selten die Möglichkeit zu einem Wochenendtrip nach Belgien hatte.

Seine Appetitlosigkeit, dass immer schmaler werdende Gesicht mit den dunklen Schatten unter den Augen machte ihr klar, die Liebe zwischen den beiden kostete ihn mehr Kraft, als er besaß, und war keineswegs ungetrübt. Wie es schien, stellte ihre Rivalin Forderungen, die er nicht erfüllen konnte oder wollte. Als sie ihn eines Nachts verzweifelt weinen hörte, schöpfte sie Hoffnung. Sie drängte sich nicht auf, war aber immer dann zur Stelle, wenn er zusammenzubrechen drohte. Wenn er sie schon nicht mehr liebte, wollte sie wenigstens sein Freund sein.

Es dauerte lange Zeit bis er sie wieder wahrnahm, ihre Hand streichelte und beim Abendessen ihre Kochkünste lobte. Schritt für Schritt verwandelte er sich wieder in den Mann zurück, den sie geheiratet hatte. Sie kamen einander näher und schafften es, aus glimmenden Spänen ein behagliches Feuer zu machen. Nur wenn sie versuchte, mit ihm über die

Hintergründe seines Seitensprungs zu sprechen, verschloss er sich und teilte ihr bitter mit: *Ich war ein verdammter Narr!*

Nachdem er vom Frühstückstisch weggeeilt war, kam ihr ein Verdacht, der schließlich für sie zur Gewissheit wurde. Sie holte das Gemälde hervor und betrachtete die Initialen genau: M.E. Kein Wunder, dass Hans-Georg so abweisend reagierte. Seine ehemalige Geliebte Myriam Eskens war vermutlich in der Stadt und er hatte zufällig eines ihrer Bilder entdeckt. Jetzt war er natürlich auf der Suche nach ihr. „Dieses Mal werde ich es gar nicht erst so weit kommen lassen, dass dieses Weib ihn mir entfremdet", sagte sich Katja immer wieder.

Recherchen bei der Verkäuferin im Künstlermarkt brachten sie allerdings nicht weiter. „Manches kaufe ich direkt von den Malern, vieles aber auch antiquarisch. Deshalb weiß ich nicht immer, von wem die Sachen stammen und eine Myriam Sowieso kenne ich schon gar nicht", bedauerte die ältere Dame.

Seltsamerweise deutete nichts daraufhin, dass er seine alte Liebe traf. Er ging wie immer aus dem Haus und kam nach der Arbeit pünktlich zurück. Wäre da nur nicht seine auffallende Niedergeschlagenheit. Vermutlich erging es ihm wie ihr, er fand nicht heraus, wo sich Myriam zurzeit aufhielt. Ihn darauf anzusprechen, hielt sie aus Erfahrung für sinnlos.

An seinem Geburtstag zog sich das Geburtstagskind bald in sein Arbeitszimmer zurück. Das Geschenk, ein versilberter Füllfederhalter, lag vergessen auf dem Wohnzimmertisch und war mit dem kurzen Kommentar: *Sehr schön, vielen Dank!* bedacht worden. Katja spürte, wie die Verzweiflung in ihr hochkroch. Sie kam einfach nicht weiter. Es war schwer, gegen eine Gegnerin zu kämpfen, die nicht auftauchte und damit auch keine Fehler machen konnte, sondern als vollkommenes Traumwesen im Kopf und im Herzen ihres Mannes lebte.

Plötzlich ging die Tür auf und Hans-Georg stand ihr gegenüber mit hängenden Schultern und müdem Blick. „Ich muss mit dir reden. Ich kann nicht mehr!", sagte er zu ihrem Erstaunen. „Bitte setz dich und hör mir zu! Wie du ja weißt, hat meine Firma große Absatzprobleme im In- und Ausland, weswegen wir kürzer arbeiten. Als ich neulich mit den Kollegen nach dem Weihnachtsmarktbummel die Künstlerausstellung betrat, ging ich nicht einfach geradeaus, den Gang entlang, sondern schaute, weiß der Teufel warum, hinter eine Säule, an der ein Bild hing, das mir bekannt vorkam. Aber eigentlich war es mehr die Technik, der Stil, der mich an ein anderes erinnerte. Ich überlegte, wo ich Ähnliches schon einmal gesehen hatte."

Katja hielt sich den Mund zu, um nicht aufzuschreien. Gleich würde er anfangen, von Myriam zu reden. „Und da erinnerte ich mich", fuhr er unbeirrt fort, ohne sie anzusehen, „vor gut einem Jahr in einem Kunstmagazin über eine Versteigerung bei Sotheby's gelesen zu haben. Es ging um ein Aquarell des impressionistischen Malers Mathew Earlington, in den für ihn typischen Farben blau, türkis und grün mit einem winzig kleinen rosa Farbfleck in einer der vier Ecken. Ein unglaubliches Gemälde! Trotzdem wird dieser Künstler nicht zu den ganz Großen gezählt. Lange Zeit war er sogar in Vergessenheit geraten. Die Kunstszene scheint ihn aber allmählich wiederzuentdecken. Das Bild aus der Galerie am Weihnachtsmarkt stammt, und da bin ich ganz sicher, vom gleichen Maler. Du weißt, ich habe ein bisschen Ahnung von diesen Dingen. Die Initialen waren M.E. und ich konnte mit bloßem Auge erkennen, die Leinwand war alt. Es war keine Reproduktion, sondern ein Original. Stell dir vor, die Verkäuferin war so was von ahnungslos und plapperte irgendetwas von *hübschen Farben* und *passt überall hin* und das bei einem echten Earlington! Ich wollte gerade meine EC-Karte zücken, da zerrt mich doch dieser Wagner, der Kollege, der Geburtstag hatte, nach hinten, wo ein Blondchen etwas Albernes mit Musik vorführte. Ich hielt mich nur kurze Zeit auf, weil ich keinen Verdacht erregen wollte und eilte zurück. Dieses wundervolle Aquarell war weg, verkauft an ein Weibsbild, das wahrscheinlich von nichts eine Ahnung hat und es ins Kinderzimmer hängt, weil es so gut zu den Gardinen passt. Ist das nicht entsetzlich? Ich war so nahe dran. Alle unsere finanziellen Sorgen hätten sich in Luft aufgelöst. Ich musste einfach einmal darüber reden. Es hat mir fast die Luft abgedrückt. Wenn ich mir vorstelle, was dieses Bild wert ist, mindestens 200 000 bis 250 000 Euro, wenn nicht sogar mehr, denn es ist größer und besser ausgearbeitet als das bei Sotheby`s."

Katja sackte in sich zusammen. Ein irres Lachen quoll aus ihrer Kehle. Und dieses Bild hatte sie vor zwei Tagen im Kaminofen verbrannt!

Tante Ernas Intimsphäre

Seit kurzem war Tante Erna geschieden, obwohl sie das ganz anders sah. Onkel Alois hatte eines Abends seinen heißgeliebten verbeulten Hut aufgesetzt und war zum Zigarettenholen in die Dunkelheit und auf Nimmerwiedersehen verschwunden. Ein paar mit schwungvoller Schrift geschriebene Postkarten machten klar, er war Arm in Arm mit einer appetitlichen weniger streitsüchtigen Blondine in die Freiheit irgendeiner sündigen Großstadt verschwunden, um eben das zu tun, was man dort eben tut, nämlich zu sündigen, tobte sich mit gnadenloser Regelmäßigkeit Tante Erna bei jedem Familientreffen aus. So auch bei der heutigen Feier.

Da ihre Wut immer noch dazu ausreichte, die Temperaturen in ihrer Wohnstube hochzutreiben, saßen die Frauen bei geöffnetem Fenster, um über die *Ihr wisst ja, wie die Kerle sind* und um über *die Keinertaugt-was–Männer* herzuziehen, während alles, was Hosen trug, die Flucht ergriffen hatte, es sich im Esszimmer gemütlich machte, *die Weibsleut schwätzen ließ* und pietätlos die Restbestände von Onkel Alois' gutem Roten trank. Viel spannender waren die letzten Fußballergebnisse und die nicht enden wollenden Diskussionen über all die Flaschen, die keinen Ball ins Tor brachten.

Da ich mich mit meinen zwölf Jahren weder der einen noch der anderen Gruppe zugehörig fühlte, hockte ich mich im Nebenzimmer auf den Fußboden und durchforstete das dicke Fotoalbum nach dem *Reden-wir-nicht-darüber-Ex-Ehemann*. Niemand war bisher bereit gewesen, mit mir über die aufgeschnappten Stichworte zu reden und mir die Hintergründe der Trennung zu erklären. Die Gelegenheit schien mir günstig, tiefer in dieses Familiengeheimnis einzudringen, zumal die letzten Feste aus Rücksicht auf *die arme Tante* meist bei uns stattgefunden hatten. Zu meinem Erstaunen erinnerten die meisten Fotos an Emmentaler-Käse. An vielen Stellen waren Löcher. Man konnte unten noch sehen, dass der Kopflose ein Mann war, den die Natur mit leichten O-Beinen gestraft hatte. Nach kürzester Zeit war mir der Lebenslauf des Gepeinigten geläufig: Militärzeit, Sportverein, Hochzeit und die immer gleichen Urlaube im Allgäu mit einer herrisch dreinblickender Tante Erna. Ganz offensichtlich handelte es sich hierbei um Onkel Alois, der also in Ungnade gefallen und vermutlich das bekommen hatte, was Tante Erna immer wieder *als die zu erwartende gerechte Strafe, wenn es denn einen Gott gibt* bezeichnete.

Als ich am Abend zu Hause meinem Vater von der Entdeckung berichtete, verschanzte der sich hinter seiner Zeitung und brummte: „Frag deine Mutter!" Diese hingegen donnerte wie ein Rachegott gegen hektisches Zeitungsrascheln und nervöses Geräuspere an: „Erna ist eine Seele von Mensch. Ihre besten Jahre hat sie für Alois, diesen …, diesen … Casanova, geopfert. Und du, mein Bürschlein, verschwindest jetzt ins Bett! Für so etwas bist du noch viel zu jung. Du solltest dich schämen, in Ernas Intimsphäre herumzuschnüffeln."

Ein halbes Jahr später trafen wir uns alle bei Tante Erna, um ihren 25. Hochzeitstag zu feiern. Sie trug ein dunkelblaues Kostüm, in das sie sich hineingezwängt hatte und dessen Knöpfe meine ständige Aufmerksamkeit beanspruchten. Ich wartete voller Spannung, wann der erste Knopf abspringen und Teile der aufwendigen Unterrockspitze, die ein wenig frech hervorlugte, in ihrer üppigen Fülle zeigen würde. Die Stimmung war seltsam bedrückt, weil keiner so recht wusste, ob man gratulieren oder schweigend über diesen Anlass hinweggehen sollte. Mein Vater hatte versucht, mich flüsternd auf die ungewöhnliche Situation, Hochzeitstag ohne Bräutigam beziehungsweise Ehemann, sanft vorzubereiten. Er war aber von meiner Mutter durch hingebellte Anweisungen und messerscharfe Blicke zu verlegenem Hüsteln gebracht worden. Immerhin erfuhr ich am Nachmittag, als die Männer sich bereits ins Esszimmer verdrückt hatten und fröhliches Gelächter von dort herüberhallte, Tante Erna habe niemals einer Scheidung zugestimmt und fühle sich deshalb zu Recht noch als Ehefrau. „Verständlich, oder?" Mehrfache Zustimmung und Laute der Entrüstung über die männliche Grausamkeit durchzogen die Stube.

Ich schlich mich unterdessen unbeobachtet ins Nebenzimmer und holte Tantchens Intimsphäre aus dem Regal und blätterte darin.

Eigentlich hatte ich bisher immer gedacht, das Ding hieße Fotoalbum. Zu meinem Entzücken war Onkel Alois scheinbar wieder in Gnaden aufgenommen worden. Alle Körperteile waren an ihrem Platz. Bei näherem Hinsehen stellte ich allerdings fest, Tante Erna mussten ein paar Fehler unterlaufen sein. Sie hatte die falschen Köpfe eingeklebt. Auf den ersten Seiten lächelten mir Filmstars entgegen, die mir von irgendwelchen uralten Schnulzen her bekannt waren. Einer, da war ich sicher, hieß Erol Flynn und hatte ein Bärtchen. Meine Mutter meinte immer, er sei schön wie ein junger Gott gewesen. Weitere Gesichter mit platten oder verbeulten Nasen gehörten offensichtlich berühmten Boxern von früher. Da mein Vater nichts wegwarf und Neugierde mein zweiter Vorname ist, las ich oft in alten Sportzeitschriften.

Der Onkel Alois auf den letzten Seiten versetzte mir allerdings einen Schock. Die Gesichter von Stalin, Hitler und Churchill starrten mich mit erbarmungsloser Strenge und Entschlossenheit an. Geschichte gehört zu meinen Lieblingsfächern in der Schule und außerdem nahmen wir gerade den Zweiten Weltkrieg mit seinen Gräueln durch. Mir blieb die Spucke weg. Wie ein glühendes Brikett ließ ich das Buch fallen, hetzte zu meinem Vater, wagte dann aber doch nicht, in Gegenwart der anderen zu sprechen.

Die Feier schien mir endlos. Schweigen war noch nie meine Stärke. Als wir endlich zu Hause angekommen waren, platzte ich mit meinen neuesten Nachrichten heraus. Vater wurde schrecklich blass und Mutter auffallend rot im Gesicht. Sie wirkte wie ein Vulkan kurz vor der Eruption. Ich bekam als erstes eine saftige Ohrfeige von ihr, weil ich wie so oft meine Neugierde nicht bezähmt hatte. Mit Blick auf meinen bis ins Mark erschütterten Vater fauchte sie: „Ich warne dich! Sag nichts, sag jetzt nichts über meine Schwester Erna! Ihr verdammten Männer seid doch schuld, dass eine Frau neben die Spur gerät!"

Dann warf sie die Küchentür so kraftvoll zu, so dass uns der Windstoß leicht ins Schwanken brachte und klapperte heftig mit den Töpfen. Ich verzog mich ins Kinderzimmer und klebte Fußballbilder in ein Album ein. Lange Zeit danach öffnete meine Mutter die Kinderzimmertüre und meint: „Wir essen in einer Viertelstunde. Sag Papa Bescheid!"

„Papa?", fragte ich, „aber der ist doch vor zwei Stunden Zigaretten holen gegangen."

Lass uns einen Schneemann bauen!

Der Zeitpunkt, meine Eltern zu besuchen, ist längst überfällig, aber ich habe immer so schrecklich viel zu tun. Außerdem gibt es da ja auch noch Dirk, meinen Lebensgefährten, dem ich Rechnung tragen muss. Und das ist gar nicht so einfach, denn er hat eine Unmenge Hobbys, die es zu teilen gilt. Manchmal frage ich mich, wo ich eigentlich bleibe. Irgendwie fühle ich mich fremd bestimmt und vermisse Gemütlichkeit, Ruhe und Häuslichkeit in meinem Leben. Ständig sind wir unterwegs.

Während ich diesen trüben Gedanken nachhänge, stapfe ich durch kniehohen Schnee, der den elterlichen Garten bedeckt. Beim Nachbarn ist alles schon weggeräumt und zu einem wattigen Schneeberg zusammengeschaufelt. Eigentlich hätte ich Lust, mich schwungvoll hineinzuwerfen, lasse es aber, da ich im Geiste Dirk spöttisch sagen höre: *Du bist vielleicht ein Kindskopf! Werde endlich mal erwachsen!*

Trotzdem kann ich es mir nicht verkneifen, sehnsuchtsvoll einen Blick über die Schulter auf die weiße Versuchung zu werfen, während ich an der Haustüre klingele.

Vater sitzt wie immer vor dem Kamin und liest seine Zeitung. Ich bin ein bisschen enttäuscht, dass er so wenig Begeisterung zeigt, wenn seine einzige Tochter nach Wochen zu Besuch kommt. Ohne aufzublicken brummt er: „Hallo, Kleines!"

Mama scheint mir meine Gedanken anzusehen und meint tröstend: „Komm, lass den alten Langweiler!" und führt mich an eine liebevoll gedeckte Kaffeetafel. Sie hat sogar ihr bestes Service hervorgeholt.

Ich erfahre viel Neues, unter anderem, dass die Rothenburgers, die übernächsten Nachbarn, sich einen Dackel aus dem Tierheim geholt haben.

„Er ist ein netter kleiner Bursche", begeistert sich meine Mutter, „der ganz verrückt auf Schnee ist und sich wie ein Wilder darin wälzt. Die Leute nebenan haben an einen Dr. Freudenberg verkauft, einen sympathischen hilfsbereiten Mann. Er schippt sogar unseren Schnee weg", berichtet sie weiter. „Du weißt ja, dein Vater hat Rückenprobleme." Leise fügt sie hinzu: „Und die Arbeit hat er auch nicht gerade erfunden." Beide grinsen wir uns verschwörerisch an. „Ach, noch etwas, unser alter Herr Pfarrer geht in den Ruhestand. Ich bin mal auf seinen Nachfolger gespannt. Ist schon schade, er war ein prima Schachpartner für deinen Papa. Jetzt muss er leider wieder gegen den Computer spielen. Allerdings hat die Angelegenheit auch einen Vorteil für ihn. Der PC trinkt keinen Rotwein und mein armer Mann sieht sich nun gezwungen, die Flasche alleine zu köpfen."

Wieder kichern wir verhalten. Allmählich fällt die Anspannung von mir ab und ich fühle mich richtig wohl. Es ist einfach schön, ein wenig Klatsch zu hören, im Warmen zu sitzen und sich von Mutti verwöhnen zu lassen. Ich mag ihre lockere Art zu plaudern und mit Problemen des Alltags umzugehen.

„Wie geht es dir eigentlich, mein Schatz?" höre ich sie fragen, „und was macht Mr Wonderful?"

Da ich in der letzten Zeit gar nicht mehr so sicher bin, ob Mr Wonderful auch Mr Right ist, entgegne ich: „Na ja, ich habe das Gefühl, meinem Leben ist irgendwie die Leichtigkeit abhandengekommen. Ich komme mir nicht wie 27, sondern wie 57 vor. Was meinst du, woran erkennt man, dass jemand der Richtige ist?"

Sie braucht nicht einmal lange darüber nachzudenken und antwortet spontan: „Er muss dich beschwingt und fröhlich machen, das Kind in dir wecken, mit dir albern sein und dich zum Lachen bringen. Kurz gesagt, er muss dich glücklich machen. Sonst brauchst du keinen Mann."

Durchs Wohnzimmerfenster sehe ich, der neue Nachbar schaufelt Schnee auf einen zweiten großen Haufen neben der Garage meiner Eltern. „Es gibt da einen großartigen Schnelltest, gerade jetzt im Winter", ergänzt Mama überzeugt. „Sag zu ihm: *Lass uns einen Schneemann bauen!* Wenn er zu dir passt, wird er darauf eingehen. Was glaubst du, wie schön das ist, *wenn zwei alte, etablierte Esel* wieder jung werden, sich beim Schneemannbauen mit Schnee bewerfen oder sich lachend hineinfallen lassen!"

Verdutzt betrachtete ich zuerst meine Mutter und dann meinen zeitungslesenden Vater. Ich wusste gar nicht, dass der grauhaarige Knabe, der auf mich trocken wie ein Zwieback wirkt, innerlich so jung geblieben ist.

Allmählich ist es Zeit, wieder nach Hause zu fahren. Nachdenklich verabschiede ich mich von beiden. Mama begleitet mich zur Haustüre. Sie hat sich warm angezogen und atmet die frische, reine Luft genussvoll ein. Neugierig erkundige ich mich: „Willst du noch einen Spaziergang machen?"

„Nein", meint sie lächelnd, „ich gehe jetzt zu Dr. Freudenberg. Wir bauen zusammen einen Schneemann."

Detektivbüro Berger und Burghard

Ein Klopfen an der Bürotür reißt mich aus meinem verwirrten Zustand. Ich sollte einfach weniger Alkohol trinken, früher ins Bett gehen oder zu Hause bleiben, denn hier ist sowieso seit Tagen nichts los. *Detektivbüro Berger und Burghard* war und ist ohnehin die Lachnummer. Letzterer hat festgestellt, dass er auch ohne Job, dank Hartz IV und Dosen sammeln überleben kann. So tief bin ich noch nicht gesunken. Hin und wieder verirren sich ein paar reizende, meistens ältere Damen in meine Räumlichkeiten, die mich weinend darum bitten, ihren heißgeliebten Fiffi, Waldi oder Schorschi wiederzufinden, der sich abenteuerlustig aus dem Staub gemacht hat und meist froh ist, wenn ich ihn wieder nach Hause bringe. Dann werde ich meist zu Kaffee und Kuchen eingeladen und ordentlich bezahlt.

Anders ist es allerdings bei vermissten Männern, die sich zum Zigarettenholen verabschieden und erst einmal auf Nimmerwiedersehen das Weite suchen. Viele allerdings kommen nicht weiter als bis zu ihrer Stammkneipe, wo ihre schimpfende bessere Hälfte sie dann abholt. Natürlich gibt es auch die Fälle, die das alte Leben dicke haben und mit einer neuen Flamme auf bessere Zeiten hoffen. Ich erkenne das sehr schnell daran, dass die Ehepartner ihrem Auftrag häufig ein familiäres Klagelied vorausschieben. Das wird dann eine langwierige, vielleicht sogar unmögliche Angelegenheit. In solchen Fällen lasse ich mir einen Vorschuss geben, da bei Misserfolg die Zahlungsmoral nicht besonders hoch ist.

Wie alle Detektive träume ich natürlich von spannenden Fällen oder superscharfen Bräuten, die einen Retter brauchen und deshalb zu mir kommen. Wenn ich mich allerdings in meiner doch recht heruntergekommenen Bude umschaue, wird mir klar, es sind eher die alten Mädels mit ihren Hündchen, die mich am Leben erhalten.

Das wiederholte Klopfen, das ich zwar vernommen, aber nicht meiner Welt zugeordnet habe, dringt allmählich in mein verwirrtes Hirn und verscheucht diverse Gedanken. Auf mein *Herein* öffnet sich schwungvoll die Türe und eine atemberaubende Blondine stöckelt ins Büro. Mit rauchiger Stimme und einem knappen *Hallo* lässt sie sich in meinen bequemen Klienten Sessel fallen. Ohne ein weiteres Wort legt sie ein Bündel Geldscheine auf den Schreibtisch. Meine trainierte Schaltzentrale signalisiert mir: *Locker bleiben, fassungslosen, offenen Mund schließen und die gierig ausgefahrenen Hände zurückrufen!* Gedacht, getan. Lässig frage ich also mit Pokerface: „Lady, und wen soll ich dafür umbringen?"

Das bezaubernde Täubchen lacht gurrend. Beugte sich tief dekolletiert zu mir herab und hauchte mit erotischer Stimme ein paar Obszönitäten in meine leidgeprüften Ohren: „Mein Alter, dieser Drecksack, hat sich eine Neue gesucht. Die Schlampe ist mindestens 20 Jahre jünger als ich."

Galant entgegnete ich: „Das kann unmöglich sein, so jung wie Sie aussehen. Dann muss die Kleine ja noch zur Schule gehen." Natürlich ist mir nicht entgangen, dass meine Besucherin nicht mehr das allerneueste Modell, aber noch immer eine attraktive Frau ist, die mir eine Sünde wert zu sein scheint. Und außerdem kommen bei Frauen ein paar charmante Komplimente immer gut an.

„Man sollte den Kerl kastrieren. Nimmt sich dieser alte Esel ein junges Flittchen und beabsichtigt, mich abzuschieben. Will aber nichts bezahlen. Ich soll dahin zurückgehen, wo ich hergekommen bin, sagt er."

Vor meinem geistigen Auge erscheint natürlich keine Klosterschule, in der sie eifrig Wissen angehäuft, sondern eher eine flotte Bar, in der das

Liebchen ihren späteren reichen Partner kennengelernt hat.

„Was kann ich tun, um Ihnen zu helfen, meine Verehrteste? Natürlich sollten wir der Ungerechtigkeit, die Ihnen im Moment widerfährt, einen Riegel vorschieben."

„Genau darum geht es", erfahre ich. „Um ihn zu ärgern, habe ich seinen Köter, einen bissigen Pittbull Terrier namens Wotan, mit einem Fußtritt vor die Türe gesetzt. Ich dachte, da hat er was zu tun, bis er seinen Liebling, der den Safe bewacht und niemanden außer Herrchen ins Arbeitszimmer lässt, wiederfindet. Kaum war das erledigt, bekomme ich mit, dass er mit seinem neuen Herzblatt telefoniert. Sonst klebte ein Zettel mit der Zahlenkombination irgendwo in oder unter seiner Schreibtischschublade. Natürlich konnte ich da niemals ran, weil entweder sein Höllenhund Wache hielt oder das Zimmer abgeschlossen war. Nachdem dieses Mistvieh seine Heimat verloren hat, konnte ich mir Chancen ausrechnen, ohne Bisswunden an die Kombination und an seine Moneten zu gelangen, hübsches Schwarzgeld natürlich. Ich bin wild entschlossen, kräftig abzusahnen und dann auf Nimmerwiedersehen zu verschwinden. Ich besitze nämlich außerhalb eine Eigentumswohnung, von der mein Ex keine Ahnung hat. Plötzlich höre ich, wie er seiner Neuerwerbung mitteilt, er will verhindern, dass ich mich selbst bediene und er deshalb den Zettel verschwinden lässt. Da er in seinem Spatzenhirn natürlich die Zahlen nicht behalten kann, muss er sie woanders notieren. Sie ahnen nicht, wo. Auf der Innenseite des Halsbandes von Wotan. Da hatte ich aber ein kräftiges Eigentor geschossen. Ihre Aufgabe ist es nun, das Hundevieh zu finden, sich nicht beißen zu lassen und ihm die Zahlenkombi abzunehmen. Stellen Sie sich mal das dumme Gesicht von dem Schlaumeier vor, wenn er keinen Zugriff auf seinen Safe hat oder aber seinen Hund wiederbekommt, der aber kein Halsband mehr hat! Ich lach' mich kaputt."

Ich lasse mir ein paar Fakten schildern und ein Foto des strammen Burschen geben: Alter = elf Jahre; Lieblingsspeise = gebratene Schweineöhrchen (warm); Ort, an dem meine Klientin ihn in die Freiheit entlassen hatte = Villa ihres Ex am Waldesrand.

Ich mache natürlich ein bedenkliches Gesicht, behaupte, die Angelegenheit sei schwierig in den Griff zu bekommen und verabschiede meine Klientin. Dann telefoniere mit meinem Metzger und meiner Schwester, die ich oft als Helferin brauche. Innerhalb einer Stunde erscheint sie mit herrlich duftenden Schweineöhrchen in zwei Warmhaltedosen und ich mit einem Tennisschläger, einem Maulkorb und bissfester Kleidung, die ich von ähnlichen Aktionen her besitze.

Mir ist klar, ein so relativ alter Pittbull, sie werden etwa acht bis fünfzehn Jahre alt, treibt sich garantiert in der Nähe seiner gewohnten Umgebung herum. Außerdem hat er wahrscheinlich ziemlichen Kohldampf und zieht eine anständige Mahlzeit der Freiheit vor.

Als wir den ersten Behälter öffnen, ein paar Hundert Meter von seinem Heim entfernt, schießt er wie ein Rakete aus dem Gebüsch und macht sich über die Leckerbissen her. Ich werfe ihm eine Schlinge um den Hals, lasse ihn aber erst einmal in Ruhe fressen. Dann packe ich ihn am Halsband und wir schaffen es gemeinsam dank bissfester Handschuhe, dem inzwischen Tobenden einen Maulkorb umzulegen. Den Tennisschläger, der gute Hilfe leistet, das Tier abzuhalten, falls es einen beißen will, benötigten wir nicht.

Ein Beruhigungsspray macht aus dem wilden Burschen einen müden Krieger, der sich problemlos ein anderes Halsband und die Leine anlegen lässt. Telefonisch gebe ich meiner Klientin die Safe Kombination durch. So kann sie sich, während ihr Ex die Tierheime abklappert, in der Hoffnung Wotan wiederzufinden, wie der Milliardär Dagobert Duck, am Reichtum erfreuen und das Weite suchen. Ich hoffe nur, dass sie meinen Rat angenommen hat, bei ihrem Beutefeldzug nicht zu übertreiben, damit ihr die Möglichkeit bleibt, in Ruhe den warmen Geldsegen zu genießen und sie nicht die Rache des eigentlichen Besitzers fürchten muss.

Nachdem Wotan wieder in seinem Zuhause gelandet ist, mache ich mich auf den Weg zur strahlenden Siegerin, um ihrer Einladung zu folgen, mit ihr ein Gläschen Schampus zu trinken, wie sie am Telefon verlauten ließ. „Ich bin Ihnen ganz, ganz, ganz schrecklich dankbar und möchte mich auf meine Weise bei Ihnen bedanken", meinte sie.

Ich liebe dankbare Frauen und mache mich frohgemut auf den Weg zu ihr. Vorsichtshalber habe ich ein Schild an meiner Bürotür angebracht: *Heute und morgen geschlossen.* Man weiß ja nie, wie so eine Dankbarkeitsfeier ausfällt.

Monet lässt grüßen

Die Kinder sind ja reizend und schrecklich besorgt, dachte Franziska. „Mama, du darfst dich nicht zu Hause einigeln. Warum besuchst du nicht einmal wieder Museen und Konzerte wie damals, als Papa noch lebte, vielleicht mit einer netten Dame oder einem Herrn? Das hat doch immer viel Freude in dein Leben gebracht."

Die ältere Frau seufzte und schaute skeptisch auf eine Annonce in der Tageszeitung, die ihre Tochter auf dem Weg zur Arbeit schnell vorbeigebracht hatte.

> *Kultivierter Herr, Anfang 70, vielseitig interessiert und lebensbejahend sucht charmante Begleiterin für die Vielfalt der kulturellen Ereignisse, die Frankfurt zu bieten hat.*

„Nur Mut, Mütterchen, rufe ihn doch einfach einmal an!", meinte am Abend auch ihr Sohn, den sie um Rat fragte. „Ich würde dich ja hin und wieder gerne begleiten, aber du weißt ja, die Firma …"

Der Inserent erwies sich am Telefon als geistreicher und liebenswürdiger Gesprächspartner, der sich ungemein auf ein Treffen mit ihr freute.

Als sie sich zwei Tage später vor dem Spiegel betrachtete, dachte sie: *Alfons wäre jetzt stolz auf mich, so elegant und passend, wie ich gekleidet bin.* Sie schaute in dunkle wache Augen, die in ihrem kleinen Gesicht übergroß wirkten, und musste lächeln. *Ach Alfons, bestimmt würdest du jetzt sagen, du siehst aus wie eine putzige Haselmaus.* Entschlossen setzte sie das winzige kecke Hütchen auf und trippelte ihrem neuen

Leben entgegen. Am Römer umrundete sie mehrmals den Gerechtigkeitsbrunnen, eine rote Nelke, das Erkennungszeichen, schwenkend.

Ein auffallend gutaussehender Endvierziger schritt federnd auf sie zu. Wie es sich gehörte, bremste er wenige Schritte vor ihr seine Vitalität, legte das Gesicht in bedauernde Falten und begrüßte Franziska mit wohl gesetzten einstudierten Worten: „Guten Tag gnädige Frau, mein Patenonkel schickt mich. Er bedauert sehr, nicht kommen zu können. Gerade als er weggehen wollte, machte ihm ein Hexenschuss zu schaffen. Sobald es ihm bessergeht, wird er sich mit Ihnen in Verbindung setzen. Mich müssen Sie jetzt leider entschuldigen, ich habe noch Termine."

Franziska schaute ihn fassungslos aus haselnussbraunen Augen an, die sich allmählich mit Tränen füllten. Alle Bemühungen waren umsonst gewesen: das sündhaft teure Parfüm, das totschicke blaue Seidenkostüm, vom neuen Hut, der mit der flott wippenden Feder schlicht und einfach das i-Tüpfelchen war, gar nicht zu reden.

„Kommt nicht in Frage!", hörte sie sich laut und deutlich sagen. „Oh nein, junger Mann! Sie sind als Vertreter Ihres Patenonkels gekommen, also walten Sie ihres Amtes!" Sie holte tief Luft, hängte sich entschlossen bei ihm ein und dirigierte ihn sanft in Richtung der Kunsthalle *Schirn*.

„Die Ausstellung des Impressionisten *Claude Monet* sollten wir uns heute unbedingt ansehen, denn in drei Tagen ist sie sowieso leider vorbei."

Der Überraschte begriff schnell, hier war jeder Widerstand zwecklos, zumal weinende Frauen ihn hilflos machten. Nach ihrer Überrumpelungstaktik gab er ein äußerst unelegantes „Ach du Schande, auch das noch!" von sich. Das weltmännische Gehabe bröckelte. Seine Unwissenheit im Bereich der Kunst erstaunte die erfahrene Museumsbesucherin, rührte sie aber auch irgendwie. Ebenso seine eher einfältigen Äußerungen.

Deshalb bereitete es Franziska besonderen Spaß, ihr angelesenes Wissen an ihn weiter zu geben.

Sie zupfte liebevoll ein paar Fussel vom Ärmel des Jacketts *dieses großen Jungen* wie sie ihn für sich nannte und schob das stattliche Mannsbild vorsichtig zu ihrem Lieblingsgemälde, einem der zahlreichen Gartenbilder. Er näherte sich, nahm wieder Abstand und so, als ob er erwacht sei, meinte er ehrfurchtsvoll: „Wunderbar! Einfach großartig!" Dann fügte er wenig originell hinzu: „So ein Anwesen macht bestimmt viel Arbeit."

Franziska klärte ihn darüber auf, dass bei diesem und den meisten anderen Ausstellungsstücken die Farben mosaikartig nebeneinander gesetzt wurden und der Lichteinfall, da der Künstler im Freien arbeitete, je nach Tageszeit variierte. Im Gegensatz zur Ateliermalerei stünden hier Farben und Lichteinfall im Vordergrund.

Gebannt hörte er ihr zu, lauschte der angenehmen Stimme und genoss es, einmal kein Eroberer sein zu müssen, sondern sich an die Hand nehmen und in eine für ihn unbekannte Welt führen zu lassen. Es war ihm, als seien sie gemeinsam auf der Brücke in diesem Gemälde, betrachteten das stille Wasser und die weit geöffneten Seerosen, ließen sich von dem milchigen Licht in die Tiefe des Gartens tragen.

Sein schlichtes „Toll!" und das begeisterte Drücken ihres Armes wurden freundlich von Franziska akzeptiert. Verlegen zog sie sein Einstecktuch, das in der Brusttasche zu verschwinden drohte, in die angemessene Länge und schob ihn weiter.

Zwei Stunden später kühlte bei beiden die Begeisterung sichtbar ab, da die Füße vom langen Stehen schmerzten und die Zunge nach einem frischen Getränk lechzte. Mit dem Satz „Jetzt bin ich dran.", führte er sie aus dem Gebäude, überquerte den Römerberg, verschwand mit ihr zwischen den Häusern in die Gemütlichkeit einer kleinen Keller-Bar, einem Geheimtipp, wie er Franziska, die mit der ständig rutschenden Kopfbedeckung kämpfte, klarmachte.

Erleichtert ließen sie sich auf roten Plüsch fallen und tranken mit Wonne ein gepflegtes Bier. Beim zweiten Glas nannte er sie ohne große Umstände bereits Franziska und sie zog mit den Worten: „Benny, Ihre Krawatte hängt Nordnordwest.", kichernd das gestreifte Prachtstück wieder in Richtung Nordsüd zurecht.

Sie plauderten über die interessante Ausstellung, blätterten im Katalog, schwärmten von Südfrankreich und den dortigen Weinen. Franziska amüsierte sich über Bennys Erzählungen, die vermutlich nicht wirklich passiert, aber gut ausgedacht waren, und in denen er als Superheld agierte.

Irgendwann tauchte ein ungeheuer dicker Mann auf, klemmte sich hinter das Piano und entlockte dem Instrument fetzige Musik. Begeistert summten sie mit und ließen ihre Schuhspitzen rhythmisch tanzen. Bennys Krawatte hatte sich aus dem Jackett befreit und hing mit gelockertem Knoten gefährlich schief, während Franziskas Hütchen nahezu ihr rechtes Auge verdeckte. Aber wen störte das schon? Sie fühlten sich wohl in der Gesellschaft des anderen und lachten viel, woran sicherlich auch der köstliche Sekt, den Benny spendiert hatte, nicht ganz unschuldig war.

Als mehrere Paare auf der matt beleuchteten Tanzfläche erschienen, nahm Franziska entschlossen ihren Hut vom Kopf, legte ihn auf den Tisch, ohne der zitternden Feder einen Blick zu gönnen, wandte ihr Gesicht mit den geröteten Wangen ihrem Gegenüber zu und fragte mit abenteuerlicher Stimme: „Können Sie eigentlich tanzen, Benny?"

Wer angibt, hat mehr vom Leben

Es fiel in jener Nacht feiner durchdringender Regen, der sich mit meinen Tränen mischte. Natürlich hätte ich mir ein Taxi nehmen können, aber dann wäre ich viel zu früh zu Hause angekommen, und Fragen zu beantworten, war das Letzte, was ich in dieser Situation brauchte. Ich wollte alleine sein, dieses verdammte Selbstmitleid abstreifen, meinen Zorn dämpfen und mir immer wieder vor Augen halten, dass manche Dinge eben so sind und sich nicht ändern lassen. Mir war schon klar, mein Leben war nicht so übel. Es gehörte nur eben zur Kategorie *unterer Mittelstand*.

Normalerweise empfand ich es als völlig in Ordnung, dass ich meine Brötchen als kleine Postangestellte verdiente und Fritz, mein Mann, als Installateur seine Rückenschmerzen abends auf dem Heizkissen auszukurieren versuchte. Das Problem war, ich hätte nicht zu diesem Klassentreffen gehen sollen. Im Nachhinein fragte ich mich, was ich eigentlich 20 Jahre nach unserem Schulabschluss erwartet hatte. Es gab keinerlei Gemeinsamkeiten mehr und das übliche Feindbild, unsere Lehrer, war abgedroschen wie Getreide auf den Feldern.

Nach den Begrüßungsküsschen und dem typischen Eigenlob, dass wir doch alle noch toll aussähen, kam die Phase der Erfolgsnachweise. So als hätten die meisten nur darauf gewartet, wurden Smartphones gezückt und Fotos aus den schicken Handtäschchen gezerrt: unser Haus, der Zweitwohnsitz, mein Auto, der letzte Urlaub in der Karibik, unsere studierenden Kinder bei ihrem Ferientrip in Australien ... und ... und ... und ...

Ich dachte eigentlich immer, Neid sei ein Fremdwort für mich. Aber ich merkte, dass er langsam aus allen Poren quoll. Und dabei hatte der Abend eigentlich sehr gemütlich begonnen. Dummerweise fragte nach einiger Zeit eine der Anwesenden, während wir herrlich speisten und becherten: „Was hat denn unsere Klassenbeste eigentlich aus ihrem Leben gemacht?"

An sich eine harmlose Frage, auf die ich Kamel, das ich manchmal bin, ehrlich antwortete: *Ich bin verheiratet mit dem Sohn des Nachbarn, habe ein Kind, arbeite bei der Post am Schalter und freue mich, euch alle wiederzusehen.*

Das Schweigen und die erstaunten Blicke veranlassten mich zu einigen Ergänzungen wie *Ich musste meine schwersterkrankten alten Eltern jahrelang pflegen. Da blieb keine Zeit für großartige Ausbildung und Flirts mit tollen Männern. Außerdem habe ich ein behindertes Kind.*

Birgit quetschte sich gerade noch *Du bist aber eine tapfere Frau!* ab, als auch schon Sätze fielen wie *Ich bin Übersetzerin, Chefsekretärin, OP-Schwester, Direktrice in einem Modehaus.* oder *Ich brauche gar nicht zu arbeiten, mein Mann ist Abteilungsleiter, Steuerberater, gehobener Bankangestellter.*

Bilder wurden gezeigt, wichtige Kommentare abgegeben und der Hauch von Wohlhabenheit und Erfolg verbreitete sich in Windeseile. Ab und zu spürte ich eine tröstende Hand auf meinem Arm oder ein mitleidiger Blick streifte mich. Als dann noch Lotti, die immer von mir bei Klassenarbeiten abschrieb und die Mittlere Reife nur mit meiner Hilfe schaffte, laut posaunte: „Die nächste Runde Wein geht auf mich" und mir dabei tief in die Augen schaute, fühlte ich mich wie ein Obdachloser, dem man einen Euro in die Hand drückt.

Allmählich erreichte der Alkoholstand eine beachtliche Höhe. Mit glänzenden Augen und roten Nasen schwor man sich, nicht mehr so viel

Zeit vergehen zu lassen bis zum nächsten Treffen. Da ich keinen Meineid schwören wollte, schob ich schreckliche Kopfschmerzen vor und verabschiedete mich. Völlig durchnässt wie die Katze von dem jungen Ehepaar, das unter uns wohnt, und tief traurig, schloss ich die Haustüre auf, ließ Minka hinein, die sich kräftig schüttelte, und schlich in die Küche, trank etwas Mineralwasser, beweinte noch ein paar Minuten mein armseliges Schicksal und schlüpfte dann ungewaschen ins Bett. Fritz schlief bereits.

Am nächsten Tag, einem Sonntag, waren wir zum Kaffee bei meiner Patentante eingeladen. Natürlich interessierte sie sich für das Klassentreffen. Wie schon bei meinem Mann, schilderte ich den Abend in rosigen Farben.

Ein Gruppenfoto, das die Kellnerin von uns mit meinem Handy gemacht hatte, wurde herumgereicht. Meine Tante meinte: „Die zweite Dame von links kommt mir bekannt vor. Manchmal fahre ich mit einer Nachbarin zu einem Großmarkt außerhalb. Ich bin ziemlich sicher, die junge Frau sitzt dort beim Rewe an der Kasse. Sie ist übrigens sehr nett und freundlich."

Mir blieb die Spucke weg. Ausgerechnet Rita, meine beste Freundin aus der Schulzeit, die so interessant und witzig von ihrem tollen Job erzählte, hatte uns alle gewaltig belogen. Zwar gab es seit Jahren kaum noch Kontakt zueinander, von Weihnachts- und Geburtstagskarten abgesehen, aber nachdem ich mich als Loser geoutet hatte, wäre es fair gewesen, ehrlich zu sein, oder einfach die Klappe zu halten und mir hinterher unter vier Augen, die Wahrheit zu sagen, anstatt Vorträge über ihren super Job zu halten. Na, die kann was erleben! Ich war wild entschlossen, sie im Supermarkt aufzusuchen, mit ein paar Tomaten an ihrer Kasse zu erscheinen, mit den Worten *Na, du verlogene Tomate!,* das Gemüse hinzuknallen und ihr die Freundschaft zu kündigen.

Einen Tag später näherte ich mich ihrem Arbeitsplatz, an dem Rita saß und die Kunden bediente. Sie sah müde und traurig aus. *Kein Wunder,* dachte ich, *wenn man aus einer Traumwelt in den tristen Alltag mit hektischen Einkäufern umsteigen muss.* Sie hatte sich schon früher ständig das Leben schöngeredet und herumerzählt, dass ihr zärtlicher Freund sie ins Kino und später zu McDonalds zum Hamburgeressen eingeladen hätte. Und wir Mitschülerinnen beklagten unser Los, ungeküsst ins Bett gehen zu müssen. Allerdings kam ich ihr auf die Schliche, weil ich sie zufällig zur angegebenen Zeit den Mülleimer ausleeren sah. Von da an logen wir gemeinsam und genossen die Aufmerksamkeit der anderen Mädchen. Aber das waren nicht ihre einzigen Flunkereien. Sie schwärmte von Urlaub im Ausland, von einem großzügigen Erbonkel, von einem Herrn, der sie angesprochen habe und für Modefotos verpflichten wollte. Ihre Eltern seien aber dagegen gewesen. Ich deckte sie und hielt ihre Ausflüge in die Fantasiewelt für eine lustige Sache, die unser Geheimnis war. Aber jetzt vor dem Klassentreffen hätte sie mir sagen können, was sie plante, vielleicht wäre ich dann mit von der Partie gewesen.

Als ich sie so ungeschminkt und mausgrau sitzen sah, überkam mich das Mitleid und ich legte die Tomaten einem jungen Mann, garantiert ein Junggeselle, in seinen Einkaufswagen, als er gerade in den Fertigessen wühlte. Ein paar Vitamine konnten ihm ja nicht schaden. Abends rief ich dann bei ihr an und wir verabredeten uns für Dienstag in einer kleinen Bar. Sie kam im Chefsekretärinnen-Look mit ins Gesicht gemalter Jugendlichkeit an, umarmte mich und fand es wundervoll, dass wir unsere alte, damals nach der Mittleren Reife eingeschlafene Freundschaft zu neuem Leben erwecken wollten. Aber so einfach sollte sie nicht davonkommen. Meine Taktik war die, mich noch kleiner und unbedeutender zu machen, als es der Wirklichkeit entsprach. Und wenn sie dann nicht bereit wäre, ihre Lügen zu gestehen, würde Nemesis, die griechische Rachegöttin ihr die Wahrheit entgegenschleudern.

Mehrere Cocktails waren bereits unsere Kehlen hinuntergeflossen, als ich loslegte: „Rita. Ich muss dir etwas gestehen. Ich habe dich und die anderen bei unserem Klassentreffen belogen. Bei den Mitschülerinnen ist mir das piepschnurzegal, aber nicht bei dir. Schließlich sind wir doch noch immer Freundinnen. Oder nicht?" Heftiges Nicken. „Also, ich bin gar nicht bei der Post, sondern arbeitslos und lebe von Hartz IV. Außerdem sind Fritz und ich nicht verheiratet. Der Schuft findet das völlig unnötig." Ich schaute sie gespannt an, ob sie meinen erfundenen Aussagen Glauben schenkte.

Sie lächelte, streichelte meine Hand und flüsterte: „Danke für deine Ehrlichkeit! Ich habe dich auch belogen."

Das war Musik in meinen Ohren. Ich ließ Rita gar nicht weiterreden, weil ich so froh war, dass zwischen uns wie in alten Zeiten Einigkeit und Ehrlichkeit herrschte und umarmte sie. Ihr Lächeln vertiefte sich und sie meinte, dass dies aber unter uns bleiben müsste. Dann erzählte sie weiter: „Ich arbeite bei Rewe. Stell dir vor, seit einem halben Jahr hat mich mein Boss zur Chefeinkäuferin der Abteilung Obst, Gemüse und exotische Früchte für ganz Hessen gemacht! Ich fliege mehrmals im Jahr in die Herkunftsländer der Waren, um dort Qualität und Preise zu prüfen und Abschlüsse zu tätigen. Ich wollte Vorvorgestern bei den anderen nicht so angeben, deshalb habe ich mich kleiner gemacht als ich bin und nichts darüber erzählt."

Ich stand auf, stieß, geschockt wie ich war, aus Versehen ein Glas um, warf ein paar Geldscheine zur Begleichung meiner Rechnung auf den Tisch, schnappte meine Handtasche, verließ die gottverdammte notorische Lügnerin und eilte auf Nimmerwiedersehen zum Ausgang. Ich hörte nur noch, dass Rita hinter mir herrief: „Warte doch, das Tollste habe ich dir noch gar nicht erzählt…"

Hexe gegen Esel

Ich habe einen Menschen getötet. Das gebe ich ehrlich zu, möchte aber die Tat nicht unbedingt als Mord bezeichnen. Mord, das klingt so grob und vulgär. Ich denke, ein kleiner überraschender Unfall trifft es eher.

Das Ganze begann damit, dass die Ehefrau eines ungemein reichen Industriellen keine Lust mehr hatte, ihre Korrespondenz selber zu erledigen und deshalb jemanden suchte, der diese zeitraubende Arbeit für sie übernahm. Da sich ihr Ehemann weitestgehend vom Berufsleben zurückgezogen und seine Firmen in vertraute und fähige Hände gegeben hatte, konnte ich auch für ihn, seinen privaten Schriftwechsel übernehmen.

Die Arbeit war angenehm, die Bezahlung hervorragend, die Mahlzeiten reichlich und exquisit und die beiden Zimmer, die mir zur Verfügung gestellt wurden, komfortabel und gemütlich. Das Einzige, das meinen Blutdruck mit unangenehmer Regelmäßigkeit in die Höhe trieb, waren die Streitigkeiten des Ehepaares, die morgens mit dem Frühstück begannen und auch beim Abendessen kein Ende fanden. Dabei war jeder für sich überaus sympathisch und mir gegenüber mehr als freundlich.

Sie war etwa Anfang 40, schlank, gutaussehend, mit köstlichem Witz und Humor gesegnet, geistreich und ungemein gebildet, er hingegen ein grauhaariger Gentleman mit tadellosen Manieren. Selbst bei den täglichen Auseinandersetzungen hörten meine Ohren niemals etwas Unflätiges. Es war vielmehr ein Kampf mit geschliffenen Worten, deren Inhalt jedoch verletzend war. Seine markanten Gesichtszüge blieben bei all diesen unerfreulichen Gefechten stets gelassen, während sie ihm regelmäßig ihren Zorn und ihren Hass entgegen spuckte. Sie zerrte an ihrem teuren Schmuck und an ihren eleganten Designer-Kleidern, warf beim Hinauseilen Geschirr und Stühle um und fauchte wie eine gereizte Katze.

Sein spöttisches Lächeln machte klar, dass er sich für den Sieger der Scharmützel hielt. Da ich mich niemals, trotz Aufforderungen der Parteien, zu einem Kommentar hinreißen ließ, endeten die meisten Mahlzeiten damit, dass mein Arbeitgeber sich erhob, seinen perfekt sitzenden Maßanzug, der seinen kleinen Bauchansatz gut verdeckte, glattstrich und die Bitte äußerte: *Seien Sie so freundlich, in einer halben Stunde zu mir zu kommen! Ich möchte einige Briefe beantworten.* Alles in allem sah man ihm nicht an, dass er auf die 60 zuging.

Seltsam fand ich die Art und Weise, wie sich beide um mich bemühten. Sobald wir unter vier Augen waren, mutierten die ineinander verbissenen Raubtiere zu sanften Lämmern, die allein gelassen, friedlich und zufrieden auf einer saftigen Wiese zu grasen schienen. Die Arbeitsstunden hatten mehr den Charakter von gemütlichen Treffen unter Freunden, bei denen nebenher ein wenig Schriftliches aufgearbeitet wurde. Ich fühlte mich wie eine Trophäe, die es zu erwerben galt. Jeder versuchte den anderen an Freundlichkeit mir gegenüber zu übertrumpfen.

Besonders peinlich waren mir manchmal die übertriebenen Komplimente. Er blinzelte mir oft verschwörerisch zu, so als ob wir irgendeinen Bund geschlossen hätten. In meinen Augen war er eine sehr beeindruckende Persönlichkeit, ungemein männlich und stark. Ein Mann, der weiß, was er will und was er wert ist.

Sie hingegen, der Inbegriff von Weiblichkeit und Charme, schenkte mir häufig ein verführerisches Lächeln aus tadellos geschminkten Lippen, das in Verbindung mit der Berührung ihrer gepflegten Hände auf meinen Fingerspitzen bei mir eine wohlige Gänsehaut verursachte. Jeder der beiden faszinierte mich und erschien mir für irgendeinen passenden Partner als Idealpendent, nur eben nicht für den Ehemann, beziehungsweise für die Ehefrau.

Als eines Abends mein reizender Gastgeber mir bei einem köstlichen Gläschen alten Portweines zuflüsterte: *Ich werde die alte Hexe nicht mehr lange ertragen,* und seine Hände ungefragt auf meinem Körper Wanderungen unternahmen, war mir klar, es würde bald einen Toten geben, so intensiv wie die Luft in diesem Haus elektrisch geladen war.

Madame erzählte mir hingegen: „Ich besitze eine Traumvilla im Süden, die ich gerne mit Ihnen teilen würde. Dort in der Wärme werden sich ganz gewiss Ihre Gelenkschmerzen in den Knien wesentlich verbessern. Sie sind doch noch so jung. Das Problem ist nur dieser alte Esel, der mein Leben blockiert und damit unerträglich macht. Auch ihre Hände wanderten und ihre vollen Lippen kamen den meinen gefährlich nahe. Und wieder kam meine Gänsehaut zum Einsatz und mein Puls vollführte ein heftiges Crescendo. Mein Gehirn und mein Herz signalisierten: *Du musst dich entscheiden! Hexe gegen Esel.*

An meinem 30. Geburtstag feierten wir zu dritt mit Champagner bis zum Abwinken und wunderbarem Kaviar im Gelben Salon. Gegen Mitternacht zog ich mich, mit Geschenken und Liebenswürdigkeiten überhäuft, in meine Räume zurück. Ich lauschte noch dem üblichen Streitgesang der beiden, allerdings tat der Alkohol seine Wirkung. Die Stimmen waren schriller und lauter, aber ziemlich lallend. Irgendwann kehrte Ruhe ein. Die Kämpfer hatten vorübergehen die Waffen gesenkt und waren, jeder für sich, in seine Gemächer gegangen.

Etwa eine Stunde später wachte ich auf und fühlte mich wie Cäsar, als er den Rubikon überschritten hatte: *Alea icata est! Die Würfel sind gefallen!* Rasch zog ich einen eleganten Morgenmantel an, hüllte mich in einen, wie ich fand, unwiderstehlichen Duft, klopfte an die Türe meines liebestollen Arbeitgebers und flüsterte: „Bitte kommen Sie so schnell wie möglich leise ins Treppenhaus! Kein Licht anmachen! Ich kann nicht mehr. Wir müssen handeln. Jetzt! Ich weiß auch schon wie."

Rumpeln in seinem Schlafzimmer war die Antwort und kurz darauf erschien er im Halbdunkel, noch immer leicht schwankend, bekleidet mit einem seiner zahlreichen seidenen Hausmänteln und offenen Hausschuhen. Er streckte seine gierigen Hände nach mir aus und hauchte: „Ich komme, ich eile, ich fliege." Aber sein betrunkenes Gehirn reagierte so langsam und begriffsstutzig, wie es in einer solchen Situation eben arbeitet. Durch seine bequemen weiten Pantoffeln hatte er wenig Bodenhaftung und auch seine sehnsuchtsvollen, mir zu gereckten Arme konnten ihn nicht retten, als ich ihn schwungvoll die lange steile Treppe hinunterschubste. Es war ein Sturz, begleitet von einem überraschten Aufschrei, dem jedwede Eleganz fehlte und der so gar nicht zu seinem sonstigen Stil passte. Ich muss sicher nicht erwähnen, dass er diesen Abgang nicht überlebte.

Ohne Hast und froh, eine Entscheidung getroffen zu haben, klopfte ich bei seiner Witwe an, die mich freudig in ihr Zimmer ließ: „Ach, meine liebe Claudia, Sie sind es. Was ist denn passiert? Ich habe ein Geräusch gehört." fragte sie und schenkte mir ihr schönstes Lächeln.

„Ich fürchte", war meine Antwort, „Ihr Gemahl ist die Treppe hinuntergefallen. Ich weiß auch nicht, was er mitten in der Nacht im Treppenhaus zu suchen hatte. Er hat ja sehr viel Champagner getrunken. Vielleicht wollte er die angebrochene Flasche, die noch im Gelben Salon im Sektkühler steht, holen, mit auf sein Zimmer nehmen und hat bedauerlicherweise unterschätzt, dass er ein wenig unsicher auf den Beinen war."

Ihr Lächeln vertiefte sich: „Ja, so wird es gewesen sein. Kommen Sie doch herein, meine liebe Claudia!"

Der Weltenbummler

André David Tual schaute auf seine Schreibtischuhr. 18.30 Uhr, Zeit, seine kleine Buchhandlung zu schließen. Der heutige Tag hatte ohnehin nur geringe Einnahmen gebracht, ihm aber die Gelegenheit gegeben, an seinem Reiseroman weiter zu schreiben. Andere Menschen sammelten Münzen, Briefmarken oder Postkarten. Er hingegen war ein Sammler von ungewöhnlichen Erlebnissen, die er als Weltenbummler erfahren hatte, wobei ihm schon klar war, dass der Radius seiner Reisen eher kümmerliche Ausmaße einnahm.

Die Enge seines Ladens schnürte ihm in Abständen die Brust ein, nahm ihm den Atem und gab ihm das Gefühl, in einem Käfig gelandet zu sein. Erst kürzlich betrachtete er die Ehe mit seiner ersten und einzigen Freundin bereits nach wenigen Monaten als beendet, da ihr häufiger Wunsch nach Nähe und Zärtlichkeit, das Bedürfnis, seine Gedanken zu erraten und sich ständig der unbedingten Zuneigung zu versichern, das Korsett um sein Herz und seine Gedanken noch einengender werden ließ.

Stolz und selbstbewusst war er seiner Wege gegangen, das empörte Gezeter und Geschimpfe schulterzuckend hinter sich lassend. Äußerungen, er sei ein verschrobener Egoist, ein Narr, der sein Glück nicht einmal dann erkennen würde, wenn es ihm zwischen die Füße geriete, ein Träumer und lächerlicher Mondanbeter, der glaube, ein Buch schreiben zu können, obwohl er kaum in der Lage sei, einige wenige Bücher zu verkaufen, konnten die Lage auch nicht verändern. Die Männerwelt war um einen Frauenfeind reicher geworden, der die neu gewonnene Freiheit damit krönte, dass er seine Buchhandlung schloss, um hinauszuziehen und Abenteuer zu erleben.

Auch heute war wieder ein solcher Tag, der ihn veranlasste, seinen Rucksack zu packen, die frische Abendluft einzuatmen und darauf zu vertrauen, auch als einfacher Wanderer Material für seinen Reiseroman zu finden. Schon bald lernte er in einem schlichten Gasthaus, in dem er übernachten wollte, einen jungen Engländer kennen, der ihn lachend warnte, sich von ihm fern zu halten, weil er Unglück brächte.

„I'm a Jonas..." begann er. „Jonas, wie die Bibel berichtet, war ein Mann, der bei Ninive ins Wasser fiel und vom Wal geschluckt wurde. Wir Engländer verstehen unter einem *Jonas* einen Menschen, der vom Pech verfolgt wird." Dann berichtete er wortreich wie ein orientalischer Geschichtenerzähler von allerhand Unglücksfällen, die ihm widerfahren waren.

André David Tual lächelte still in sich hinein, unterbrach die endlosen Reden des Briten nicht und zeigte sich erstaunt, was Unwissenheit doch anrichten kann. Er wusste genau, der besagte Jonas aus der Bibel war nicht ins Wasser gefallen, sondern auf eigenen Wunsch hineingeworfen worden. Er hatte den Willen Jehovas nicht erfüllt, dessen Auftrag nicht ausgeführt und war deshalb auf hoher See mit bedrohlichen Stürmen bestraft worden. Er war sich sicher, wenn die Seeleute ihn ins Wasser warfen, wäre seine Schuld getilgt, zumal er große Reue zeigte. Deshalb vergab ihm Jehova. Ein Wal verschluckte ihn, spuckte ihn jedoch bei Ninive wieder aus und Jonas lebte weiter.

Obwohl der Engländer die ganze Geschichte ziemlich verdreht hatte, glaubte er, von einem vermeintlichen Fluch verfolgt zu sein.

Mit seinem neuen Freund betrat der Buchhändler am nächste Morgen eine Fähre, die sie von einer Uferseite zur anderen bringen sollte. Es versteht sich von selbst, dass, wenn ein *Jonas* unterwegs ist, der an sein unausweichliches, mit Unglück beladenes Schicksal glaubt, auch etwas Schreckliches passieren muss. Durch ein gerissenes Tau kam die ohnehin morsche und alte Fähre ins Schlingern. Verstärkt durch hysterische Mitfahrer, die kopflos herumsprangen und sich nahezu alle auf eine Seite drängten, kenterte sie. André David Tual konnte sich schwimmend retten, während der *arme Jonas* ertrank.

So sehr er der Tod des jungen Mannes auch bedauerte, konnte er es kaum erwarten, wieder nach Hause zu gelangen, um dieses tragische Erlebnis für seinen Reiseroman zu verwenden. Er blieb nicht bei den anderen Betroffenen, sondern machte sich, nass wie er war, tropfend auf den Heimweg. In seinen vier Wänden gab es natürlich niemanden, der dem Durchnässten ein heißes Bad einließ, ihm eine warme Suppe reichte und ihm zum weiteren Aufwärmen Tee mit Rum brachte. So war es auch nicht verwunderlich, dass André David eine kräftige Erkältung davontrug und seine Buchhandlung mehrere Tage geschlossen blieb.

Er war jedoch der Ansicht: *Besser eine heftige Grippe als eine nervige Ehefrau, die ständig durch die Räume eilt und sich mit ihrer unerträglichen Fürsorge wichtigmacht.* Das Beste jedoch war, dass er mit seinem Reiseroman ein gutes Stück weitergekommen war.

Für Geld mache ich alles

Stattlicher promovierter Akademiker in den besten Jahren, heiratswillig, wohlhabend, gebildet, vielseitig interessiert sucht junge gutaussehende Dame, die sich gerne verwöhnen lassen will.

Maja lauschte mit leichtem Dauerlächeln dem redefreudigen Herrn, der ihr gegenübersaß, und überlegte, worauf sich der Begriff *stattlich* beziehen könnte. Vermutlich nur auf sein Bankkonto, denn äußerlich war für sie nichts Stattliches zu erkennen.

Selbstverliebt schilderte ihr Gegenüber, in was für ein großartiges Leben seine zukünftige Frau eintauchen werde: Villa, Stadtwohnung, Haus im Süden, tolle Urlaube, elitärer Bekanntenkreis, 3.000 Euro Taschengeld, eigenes schickes Auto, Personal ... und ... und ... und ...

Die bildhübsche Frau bemühte sich, eine Gähnen zu unterdrücken, an den richtigen Stellen Bewunderung, Entzücken und Begeisterung zu äußern. In ihrem kurzen, aber ereignisreichen Dasein hatte sie die Erfahrung gemacht, dass ein reicher Mann, selbst wenn er langweilig und wesentlich älter war, immerhin als Goldesel, wenn Frau es richtig anstellte, eine wichtige Funktion übernehmen konnte. Der alt bekannte Spruch: *Ein Mann muss zwar nicht schön sein, aber wenigstens Geld haben* enthielt viel Wahrheit. Im Laufe ihrer 28 Jahre hatte sie erkannt, die Aussage eines Seelenverwandten: *Für Geld würde ich alles tun, nur nicht arbeiten* traf zu 100 Prozent auf sie zu.

Längst hatte sie sich abgewöhnt, zimperlich zu sein. Ihr liebreizendes kleines Madonnengesicht mit den großen dunklen Augen, die auf Kommando Tränen produzieren und Verzweiflung auszudrücken vermochten, machten 99,9 Prozent aller männlichen Wesen, die ihr begegneten, schwach und willig. So war sie bisher reich beschenkt und tief verehrt durchs Leben gekommen.

Natürlich wollten die Herren als Dankeschön nicht nur ein Lächeln. Nach einiger Zeit im Escort-Service begriff sie, ein gewisser Körpereinsatz gehörte dazu. Wenn sie die Augen schloss und an gut gewachsene, knackige Burschen dachte, war vieles leichter auszuhalten. Und dieses Sahneschnittchen, das ihr gegenübersaß, hatte ja nun wirklich Feuer gefangen und würde ihr ein angenehmes Leben bieten, ohne dass sie sich immer wieder auf Tuchfühlung mit neuen Gentlemen begeben müsste. Zufällig war ihr die Anzeige des Goldesels in einer renommierten Zeitung unter der Rubrik *Herzenswünsche* aufgefallen. Verschiedene Fotos von ihr in hübschen Kleidern und freizügigen Badeanzügen hatten offensichtlich ihre Wirkung getan.

Die Begeisterung ihres Verehrers hielt an. Er führte sie die nächsten Tage nur in die besten Lokale zum Essen. Wohin sie auch gingen, waren die Kellner wie ausgewechselt und bemüht, die Mahlzeiten zu einem Erlebnis werden zu lassen. Generell wurde ihr Begleiter vom Restaurantbesitzer auf das Herzlichste begrüßt, mit Herr Doktor angeredet und mit Liebenswürdigkeit überschüttet, was ihn in ihrer Achtung kräftig steigen ließ. Das erste Mal seit langem fühlte sie sich wie ein Dame der gehobenen Gesellschaft.

Sie hatte nichts dagegen, sich die Fingerspitzen streicheln und küssen zu lassen, räumte jedoch mit charmantem Lächeln eine Hand entschlossen zur Seite, die sich auf ihrem Oberschenkel verirrt zu haben schien. So leicht wollte sie sich nicht erobern lassen. Sie war jetzt schließlich kein Escort-Girl mehr, sondern eine Frau auf dem Weg nach oben. Außerdem mussten alle Männer, die auf mehr als eine winzige Zärtlichkeit hofften, erst einmal den *Seufzer-Test* bestehen. Dieser bestand darin, dass sie vor den Mahlzeiten vorschlug, wegen der noch geöffneten Läden, einen kleinen Bummel durch die Einkaufsstraßen zu machen und bei teuren Juweliergeschäften, deren Auslagen sie natürlich bereits vorher in Augenschein genommen hatte, kurz Halt zu machen und die Pretiosen zu betrachten. Bei irgendeinem besonders schönen und teuren Stück machte sie den jeweiligen Herrn darauf aufmerksam und stieß ein begeistertes *Ach Gott, ist das wundervoll!* aus, begleitet von einem tiefen Seufzer. Die meisten betuchten Herren in ihrer Vergangenheit begriffen, der Weg zum Herzen der begehrenswerten Dame und zu ihren Reizen führte nur über die Erfüllung des so charmant vorgetragenen Wunsches.

Auch Dr. Wolfgang Brunner verstand die Signale. Hatte er nicht versprochen, seine Herzensdame nach Strich und Faden zu verwöhnen? Es gibt eben noch Männer, die ihre Versprechen halten und so konnte sich die liebliche Maja immer wieder über edle Parfums, zauberhaften Schmuck, schicke Kleidung, teure Ledertaschen und Schuhe freuen, die ihr großzügiges und beim Anprobieren geduldiges Wolferl, wie sie ihn inzwischen nannte, klaglos bezahlte. Es versteht sich von selbst, dass die verliebten Hände des Herrn Doktor im Laufe der Zeit auf Wanderschaft gehen durften.

Irgendwann war die Zeit des neckischen Tändelns vorbei und jeder der beiden wollte wissen, ob sich seine Erwartungen auch erfüllten. Maja brannte darauf zu erfahren, wie es bei ihrem Freund zu Hause aussah, wollte Einblick in die finanzielle Situation und damit auch in ihre Zukunft gewinnen, während Wolferl danach lechzte, seiner Liebsten nicht nur hinreißende Kleider zu kaufen, sondern sie ihr auch im häuslichen Rahmen ausziehen zu dürfen. So erklärte sich das schöne Kind endlich bereit, ihn in der Villa zu besuchen und das Wochenende mit ihm zu verbringen.

Die Realität erschien ihr besser als ihre kühnsten Träume: Das Personal stand Spalier und begrüßte die zukünftige Herrin mit freundlichem Gruß; die parkähnliche Gartenanlage war ungemein gepflegt und vielseitig; das Gebäude selber, von Säulen umgeben, hätte eleganter und großzügiger nicht sein können. Die Inneneinrichtung zeigte die Handschrift eines erfahrenen Innenausstatters.

Ein alter Herr, offensichtlich der Vater von Wolferl, die Ähnlichkeit war unverkennbar, näherte sich, küsste ihr galant die Hand und hieß sie herzlich willkommen.

Beim köstlichen Mittagessen erfuhr Maja, dass der 92-jährige Papa des Herrn Doktor mit im Hause lebte und noch ungemein körperlich und geistig fit sei. „Die Männer unserer Familie wurden schon immer sehr alt", erzählte der Jüngere. „Mein Großvater überlebte seinen 103. Geburtstag sogar um ein halbes Jahr."

Ein wenig fassungslos rechnete sie sich aus, dass ihr Schatz, zurzeit 64 Jahre alt, noch gut und gerne 30 bis 40 Jahre leben könnte. Wahrscheinlich würde sie unter normalen Umständen keine, wie sie gehofft hatte, junge Witwe werden und irgendein flotter Gärtner, der ihr half, dieses schwere Los zu ertragen, war auch nicht in Sicht. Der jetzige war bestimmt weit über 50.

Die beiden Herren Brunner merkten nichts vom Entsetzen ihres Gastes und plauderten über gesellschaftliche Themen, über Nachbarn und Konzert- und Opernveranstaltungen, die man unbedingt erlebt haben musste. Maja setzte wieder ihr eingeübtes Dauerlächeln auf, spürte aber, dass sie in Atemnot geriet. Sie hörte gerade noch, dass ihr Zukünftiger davon sprach, immer wieder einmal geschäftlich für ein oder zwei Wochen verreisen zu müssen. Sie fühlte eine warme Hand, die zärtlich ihre Knie streichelte. Und während sie erschrocken feststellte, dass Wolferl ja mit beiden Hände beim Reden herumfuchtelte, war ihr klar, der Lustmolch, der unter dem Tisch sein Unwesen trieb, war der Vater Brunner. Der Sohn hingegen deutete ihr entsetztes Gesicht falsch und tröstete sie: „Du bist dann aber nicht allein in dem großen Haus. Mein Papa wird sich schon um dich kümmern, damit du dich nicht langweilst, Liebes."

Der alte Herr zwinkerte ihr verheißungsvoll zu und meinte, während seine Finger weiter zum Oberschenkel wanderten: „Wir finden sicher etwas, das uns beiden Spaß macht."

Maja sprang auf, rief: „Bitte entschuldigt mich!", riss in der Garderobe den Mantel vom Haken, schnappte sich ihr Köfferchen, das noch unausgepackt im Flur stand, und stöhnte: „Was zu viel ist, ist zu viel. Die nächsten Jahre nur noch alte Männer, das halte ich nicht aus!!", und rannte so schnell sie konnte einer ungewissen Zukunft entgegen.

Lebensphilosophie

Als ich aufwachte, war die andere Seite des Bettes leer und verdammt kalt. *Wenn mich nicht alles täuscht, heißt der Kerl, den ich gestern Abend abgeschleppt habe, Merlin. Irgendwie hat er mir leidgetan, wie er so dasaß in der kleinen Bar, fünf Ecken von meiner Penthaus Wohnung entfernt. Er wirkte so einsam und traurig und außerdem war sein Glas schrecklich leer.* Ich rutschte auf meinem Barhocker samt einer fast noch vollen Pulle Sekt zu ihm rüber und fragte ihn, ob er ein Schlückchen Schampus wolle. Ein schiefes Lächeln und müdes Kopfnicken waren die Antwort. So becherten wir eine ganze Weile wortlos, bis er plötzlich sagte: „Ich bin Merlin!

Da ich noch nie einen Merlin in meiner Sammlung gehabt hatte, entgegnete ich: „Freut mich! Ich heiße Pia." *Es ist einfach wundervoll, wenn ein ganz nett aussehender Typ kräftig trinkt und die Klappe hält. Die meisten Biographien sind eh erstunken und erlogen.*

Irgendwann beugte sich Enzo, der Barkeeper, zu uns und meinte: „Ihr beiden Hübschen, wir machen gleich Schluss. Wenn er ihr noch etwas mitnehmen wollt, sagt Bescheid!"

Ich schnappte zwei Flaschen, drückte Enzo einige Scheine in die Hand, ließ mich von ihm wie jeden Abend oder besser gesagt, wie jeden Morgen auf die Wangen küssen und verschwand mit einem gelallten „Ciao, Bello!", im Schlepptau Merlin, der nicht viel fragte, sondern mir, ganz Kavalier, den Sekt abnahm.

Was dann weiter geschah? So ganz genau kann ich mich nicht daran erinnern. Wir müssen vermutlich in Richtung meiner Wohnung gewankt sein und dort oben weiter gezecht haben, denn als ich vorhin aufwachte, lagen die beiden Sektpullen leer auf dem Bettvorleger und noch einiges an Fläschchen leistete ihnen Gesellschaft. Die Gläser stehen noch artig auf den jeweiligen Nachtischchen. Nur mein Freund und Trinkgenosse scheint sich aus dem Staub gemacht zu haben. Wahrscheinlich hat er einiges mitgehen lassen.

Während ich noch um den Inhalt meiner Handtasche und Geldbörse fürchte und mich mit wackeligen Beinen und irren Kopfschmerzen ins Wohnzimmer schleppe, finde ich unter unserer Unterwäsche und den Kleidungsstücken das Gesuchte. Es fehlt, soweit ich das in meinem angeschlagenen Zustand in der Lage bin zu beurteilen, absolut nichts. Ein nackter Merlin kann also unmöglich geflüchtet sein, denn die Klamotten, die herumliegen, sind eindeutig ihm zuzuordnen. Rasch ziehe ich mir ein T-Shirt über, das ich hinter dem Sofakissen finde.

Im hinteren Teil des Penthauses höre ich Geräusche. Meine verstopfte Nase nimmt Witterung auf. Ich glaube Angenehmes zu riechen. Merlin steht am Herd, aufrecht wie ein Zinnsoldat – das will schon etwas heißen nach dem gestrigen feuchtfröhlichen Abend – und brutzelt irgendetwas Köstliches. Kaffeeduft zieht durch die Küche. Er trägt meine Schürze, die ihn vorne recht ordentlich bedeckt, bis er mir seinen nackten knackigen Hintern zudreht.

Auf dem Tisch stehen wie bei Muttern Tassen, Teller und die Wärmekanne. Selbst an Servietten und Besteck hat er gedacht. *Braver Junge!* Scheinbar hat er meinen Kühl- und Gefrierschrank durchforstet und aufbackbare Brötchen entdeckt, die er jetzt aus dem Backofen holt und mit gebratenem Speck und Rührei serviert.

Ich bin sprachlos. Wenn der Kerl glaubt, mich mit seinen Hausfrauenqualitäten beeindruckt zu haben, erliegt er einem gewaltigen Irrtum.

Wahrscheinlich ist er von seiner Freundin rausgeschmissen worden, weil er ständig um sie herumwuselte und sie bekochen wollte. Sobald er das Geschirr in die Spülmaschine geräumt hat, werde ich ihn samt seinen Kleidungsstücken hinausbefördern. Hier ist schließlich kein Heim für verlassene Mannsbilder. Meine Ruhe und Selbständigkeit sind mir heilig und außerdem will ich meinen Rausch ausschlafen.

Nachdem ich ihm das klargemacht habe, krabbele ich zurück in mein gemütliches Bett und überlasse Merlin die Aufräumarbeiten. Irgendwann raschelt es neben mir in dem breiten Französischen Bett und ich spüre seine warmen Hände, die mich zart und gekonnt streicheln. Wut überkommt mich. *Der Kerl ist wohl größenwahnsinnig, sich einzubilden, ich hätte nur auf ihn gewartet.* Bevor ich ihm auf die Finger klopfen kann, bekomme ich Signale von meinem Körper, der da meint, ich sollte ihn gewähren lassen. Es wäre gar nicht so übel, was er da treibt.

Vermutlich eine Stunde später schlafen wir beide tief und fest, bis uns dann irgendwann die Nachmittagssonne weckt. Zwei durstige Seelen verlangen nach etwas Trinkbarem. Merlin mixt wunderbare Cocktails – der Knabe ist wirklich vielseitig – und bringt ein paar vom Frühstück übrig gebliebene Häppchen, weil er der Ansicht ist, wir sollten bei Kräften bleiben, um einander besser kennenzulernen. Wobei er eher vom Körperlichen als vom Geistigen ausgeht.

Als auch dieser Teil unserer Kommunikation recht zufriedenstellend beendet ist, beschließe ich, ihm eine Gnadenfrist bis morgenfrüh zu geben. *Immerhin muss man sagen, dass die Nächte doch empfindlich kalt und ein paar wärmende Männerfüße nicht zu verachten sind.*

Irgendwann, so etwa nach drei, vier Tagen, tauchen wir bei Enzo in seiner kleinen hübschen gemütlichen Bar auf und werden freudig begrüßt. Die Bemerkung: *Schätzchen, kann es sein, dass du sesshaft wirst?*

überhöre ich natürlich. Merlin ist nicht gerade eine Plaudertasche, aber so viel habe ich doch verstanden, dass er nicht unbedingt der Erfinder von täglicher Arbeit ist, vom Kochen abgesehen. Das macht ihm richtig Spaß. Keiner nervt den anderen mit ellenlangen Erzählungen über sein Vorleben. Wen soll so etwas schon interessieren? Aber klar ist wohl, dass wir beide zurzeit solo sind. Was immer die Gründe dafür sein mögen. Glücklicherweise brauchen wir nicht ewig, um zu begreifen, dass wir eigentlich gar nicht schlecht zusammenpassen. Ich bin in der glücklichen Lage, dank meiner verstorbenen Patentante, uns finanziell ein sorgenfreies Leben zu sichern. Die wöchentliche Putzfrau kümmert sich um Sauberkeit und Ordnung und er sich um unser leibliches Wohl, in mehrfacher Hinsicht. Das Beste aber ist die Übereinstimmung unserer Lebensphilosophie: Essen und Trinken sind die drei schönsten Dinge des Lebens.

Ruperts Geheimnis

Heute will sie endlich wissen, was Rupert heimlich in seiner Kommode wegschließt. Seit drei Wochen steckt der Schlüssel nicht mehr.

Mechthild beobachtet ihren Mann seit längerem. Einmal in der Woche, wenn er glaubt, ein Fernsehkrimi fessele seine Frau derart, dass sie nur noch Augen für die Hauptdarsteller hat, schleicht er sich in den Flur, wo das rustikale Eichen-Schränkchen, ein Erbstück seiner Eltern, steht. Was er da genau tut, weiß sie nicht. Den Geräuschen nach zu urteilen, macht er sich an dem alten Möbelstück zu schaffen. Vermutlich versucht er, die Kommode leise zu öffnen, dann lautlos zu schließen, um einige Minuten später auf Zehenspitzen zurückzukehren und sie mit lauter Stimme zu fragen: „Liebes, möchtest du ein Glas Wein?"

Seit wir in Rente sind, gehen wir ja nicht mehr viel aus dem Haus. Rupert kann nicht so ohne weiteres Geheimnisse vor mir haben, und doch ist es ihm gelungen. Seltsam! Wir sind ja eigentlich pausenlos zusammen. Nur, wenn er freitags in den Supermarkt zum Einkaufen fährt, trennen wir uns für ein paar Stunden und ich hüte bei unserer Tochter die beiden kleinen Enkel.

Es ist schon sehr spät und der ältere Herr sitzt schlafend in seinem Sessel, ein wenig Nachtruhe vorwegnehmend, während im Hintergrund ein Spielfilm läuft. Langsam erhebt sich Mechthild, in der Absicht den Spieß einmal umzudrehen, schaltet die Lautstärke mit der Fernbedienung niedriger, damit nicht schreiende Werbung ihre Intension zunichtemacht, und betritt den Flur. *Wo mag der Schlüssel liegen?* Unschuldig steht der halbhohe Schrank vor ihr, hinter seinen Türen ein

Geheimnis verbergend. Vorsichtig tastet die Neugierige die Hinterwand und den Boden der Kommode ab, so weit sie mit den Händen hinkommt. *Vielleicht hat er den Schlüssel dort mit Klebeband befestigt. Nichts!*

Mit kleinen Schritten läuft sie über den dicken Teppich, in der Hoffnung, dort eine Erhöhung zu spüren. *Auch nichts!* Sie fühlt sich wie ein Dieb, während sie lauscht, ob noch leises Schnarchen zu hören ist. Da fällt ihr Blick auf die angestaubte künstliche Grünpflanze, die oben verdächtig schräg auf einem Unterteller steht. Ihr Herz schlägt schneller und ihr Mund fühlt sich wie ausgetrocknet an, als sie schwungvoll den Blumentopf anhebt. *Verdammt, wieder nichts!*

Ruperts Gartenschuhe stehen quer im Flur. Automatisch stellt Mechthild diese ordentlich in das kleine offene Fußbänkchen links daneben. Im Laufe der Jahre hat sie sich daran gewöhnt, hinter ihrem Mann herzuräumen. Während sie die ausgetretenen Latschen zwischen Winterstiefel ihres Mannes quetscht, weiß sie plötzlich, wo sie suchen muss. Und tatsächlich, der Schlüssel befindet in seinem rechten Stiefel.

Jetzt ist es dringend nötig, sich zu beeilen, denn Ruperts Schnarchen ist einem starken Ausatmen gewichen und bald wird er aufwachen. Mit beiden Händen steckt seine Frau den Schlüssel vorsichtig und leise ins Schloss, wischt sich die schweißnassen Finger am Rock ab, hebt die Türe, die leicht klemmt, etwas an und Ruperts Schätze liegen vor ihr. Neben zwei Fotoalben, einer Dokumentenmappe, vergilbten Briefen, der goldenen Taschenuhr seines Vaters, steht ein großer bläulicher Karton, der Mechthild völlig unbekannt ist.

Noch kann sie zurück, alles auf sich beruhen lassen und denken: *Ich vertraue meinem Mann.* Doch dann holt sie tief Luft und hebt mit zittrigen Fingern den Deckel an. Der Kasten ist leer. *Das kann doch einfach nicht sein. Irgendwo muss etwas Verdächtiges liegen. Sollte sie sich wirk-*

lich so getäuscht haben? Da entdeckt sie, dass zwischen den alten Briefen ein Umschlag steckt, der heller und dicker als die anderen ist. Tatsächlich enthält er ein paar Geldscheine. Sprachlos überlegt sie, für welchen Zweck Rupert spart.

Das Räuspern und Husten ihres Mannes macht ihr klar, er ist wach und wird in wenigen Sekunden wie jeden Abend fragen: *Was hältst du davon, wenn wir zwei Hübschen jetzt im Schlafzimmer an der Matratze horchen?* Er hat nichts von ihrem Ausflug ins Reich des Misstrauens mitbekommen, merkt nicht einmal, dass sie herbeihuscht, trinkt den Wein aus, räumt die Gläser in die Küche und schlurft in Richtung Bad und Schlafzimmer.

Natürlich fällt es Mechthild schwer einzuschlafen. Ihre Gedanken gehen auf Wanderschaft, bis sie lachen muss. Da macht sie sich Gedanken und dabei ist es doch sonnenklar, dass sich ihr Ehemann zum 40. Hochzeitstag, der vor der Türe steht, eine Überraschung für sie ausdenkt, wie damals vor 15 Jahren zur Silberhochzeit, als er ihr einen Ring mit einem roten Karneol überreichte. Lächelnd schläft sie ein, in dem Bewusstsein, dass diese Geheimniskrämerei durchaus zu Rupert passt. Er liebt Überraschungen und freut sich dann wie ein Kind, wenn sie ahnungslos ist.

Sie waren beide niemals mit viel Geld gesegnet, haben auch jetzt keine große Rente und schenken sich deshalb normalerweise nichts, außer vielleicht ein paar Pralinen oder irgendwelche Kleinigkeiten. Wenn sich ihr Mann allerdings etwas vorgenommen hat, ist er zäh und kann er eisern sparen.

Seit Anfang des Jahres trägt er einmal in der Woche eine Stadtteilzeitung mit sehr viel Werbung aus, um, wie er sagt, sich irgendwann einmal ein neues Fahrrad leisten zu können. Da sie ein wenig füllig ist und sie sich absolut nichts aus Radfahren macht, sondern lieber zu Hause

Kreuzworträtsel und Sudokus löst, ist es ihr nur recht, wenn Rupert Erledigungen und Einkäufe mit dem Rad macht. Aber deswegen braucht er sich doch nicht davonzuschleichen. Typisch Mann! Als Frau weiß man doch genau, was gespielt wird. Irgendwie rührend, dass er für sie den Job angenommen hat.

Einige Wochen später, als ihr klar ist, dass er etwas länger als sonst wegen einer zahnärztlichen Behandlung wegbleiben wird und sie keine überraschende Rückkehr befürchten muss, hat sie Lust nachzusehen, ob das Geldbündel dicker geworden ist.

Zu ihrem Erstaunen ist der Umschlag fast leer, dafür liegt in dem blauen Karton ein quadratisches Päckchen. Wunderschön verpackt. Sie hat also recht gehabt. Jetzt muss sie nur noch zwei Monate warten und die Neugierde dämpfen, bis ihr Hochzeitstag die Erlösung bringt.

Rupert und seine Frau haben bereits besprochen, dass sie außer den Kindern noch zwei befreundete Ehepaare einladen wollen. Damit Mechthild einen stressfreien Abend verbringen kann, hat sie mit ihrer Putzhilfe Daria, einer tüchtigen Rumänin, die alle 14 Tage für drei Stunden kommt, abgesprochen, dass diese leckere belegte Schnittchen macht, die Gäste bewirtet und Getränke serviert.

Kurz bevor es endlich so weit ist, schleicht sie sich einen Tag vor ihrem gemeinsamen Fest noch einmal zum Eichen-Schränkchen. Warum, kann sie sich gar nicht erklären. Sie hat so ein Gefühl, dass Rupert nach 40 Jahren Ehe, phantasievoll wie er manchmal ist, noch eine Überraschung auf Lager hat. Wieder einmal, und darauf ist sie richtig stolz, stimmt ihre Vermutung. Ein schmales Kästchen, elegant verpackt, erfreut das Auge. *Wenn man nur wüsste, was es enthält.* Der Form nach tippt sie auf ein Armband. *Das wäre nicht übel. Ein passendes Armband zu ihrem Ring, davon hat sie schon immer geträumt.*

Der Umschlag, der Geld enthielt, ist nicht mehr vorhanden. In der Dokumentenmappe liegt ganz oben ein zugeklebter Umschlag mit Sichtfenster. Beim Hin- und Herbewegen kann sie ein paar Buchstaben erkennen: Armb ... *Aha, also Armband! Ich wusste es!* Dann: ... thyst. *Oh, verdammt, ein Amethyst-Armband! Typisch Mann! Karneol–Ring und Amethyst passen farblich nun wirklich nicht zusammen. Vermutlich ist in dem Umschlag die Rechnung. Dann kann man den Schmuck ja umtauschen.*

Mechthild eilt zurück, gerade noch rechtzeitig, bevor Rupert aufwacht. Sie ist schon ein bisschen enttäuscht, weil sie es ihm später vorsichtig beibringen muss, dass die beiden Halbedelsteine ihrer Ansicht nach, nicht zusammenpassen. Und sie möchte doch so gerne ein Set haben: Ring und Armband.

Der große Tag beginnt mit prachtvollem Wetter. Selbst am frühen Abend scheint noch die Sonne. Während Daria, die Haushaltshilfe, Vorbereitungen für die Gäste trifft, überreicht Rupert, der sich in Schale geworfen hat, seiner Frau das Päckchen, das quadratische, und sagt fröhlich: „Alles Liebe, Mechthild! Auf die nächsten 40 Jahre!", und küsst sie auf die Wange. Sie entfernt die Schleifen und das schöne Goldpapier und hält einen silberfarbenen Funkwecker in ihren Händen. Als Rupert dann noch meint: „Jetzt brauchst du dich nicht mehr zu ärgern, dass die Batterien so schnell leer sind und die Uhrzeit oft ungenau ist. Auch Sommer- und Winterzeit stellt er automatisch ein", ist sie fassungslos. Aber ihr Mann ist mit seiner kurzen Rede noch nicht am Ende und fährt fort: „Ich habe aber noch eine kleine Überraschung für dich", und deutet auf eine weiße Orchidee, die auf dem Tisch steht.

Mit verzerrtem Lächeln bedankt sie sich und eilt ins Schlafzimmer, angeblich, um sich einen Schal zu holen. Sie ist völlig durcheinander, möchte Rupert wütend zur Rede stellen, weiß aber, dass sie dann ihre heimlichen Nachforschungen zugeben müsste. Vielleicht aber hat sich ihr Mann die Übergabe des länglichen Päckchens für den Zeitpunkt aufgehoben, wenn alle Gäste eingetroffen sind. Deshalb will sie vorerst schweigen, so schwer es ihr auch fällt.

In kurzen Abständen klingelt es an der Haustüre und die Haushaltshilfe, die an diesem Tag die Gastgeberin entlasten soll, lässt die Gäste eintreten. Mit vielen Küsschen und Glückwünschen werden Geschenke und Blumen überreicht. Dann bringt Daria aus der Küche ein großes Tablett mit gefüllten Sektgläsern und bietet sie den Gästen zur Begrüßung an. An ihrem schlanken Handgelenk glitzert ein wunderschönes Armband mit fünf dunkelvioletten Amethysten.

Dahinter sehen

Anfangs dachte ich, ich sei verrückt geworden, bis mir klar wurde, ich besaß eine unglaubliche Fähigkeit, ein besonderes Talent.

Das Ganze begann kurz nach Herberts Tod. Ich stand an einer zugigen Bushaltestelle und träumte von einer herrlich warmen Tasse Kaffee, als mein Blick auf die Litfaßsäule der gegenüberliegenden Straßenseite fiel. Ein großes Plakat machte Werbung für ein vor kurzem eröffnetes Café am Stadtrand.

Während ich noch dachte, *das ist aber wirklich gemütlich und geschmackvoll eingerichtet,* saß ich bereits in den Räumlichkeiten, wie von Geisterhand hingetragen, und bestellte bei dem charmanten Ober einen Cappuccino und ein Stück Apfeltorte. Es tat gut, sich aufzuwärmen, denn draußen pfiff der Wind gnadenlos um die Häuserecken.

Jemand hatte eine Zeitschrift liegen lassen, in der die Kreuzworträtsel noch nicht gelöst waren. Ich entspannte mich und gönnte mir noch eine weitere Tasse Kaffee. Irgendwann fiel mir ein, ich hatte ja für heute Abend eine Nachbarin zum Kartenspielen und zu einem kleinen Imbiss eingeladen und noch nichts vorbereitet. Welcher Teufel ritt mich, dass ich hier herumsaß und den Bus versäumte, der ohnehin nur alle 40 Minuten verkehrte?

Ich verließ hastig das Café und begriff, als mich ein eisiger Windstoß in die Realität zurückholte, dass es hier eigentlich gar kein Lokal gab. Seltsamerweise stand ich wieder an der Haltestelle. Ein Blick auf meine Armbanduhr zeigte mir, dass nicht etwa eine halbe bis eine dreiviertel Stunde vergangen war, sondern nur wenige Minuten. Draußen in der

Kälte wurde mir erst richtig klar, mein Erlebnis war zwar angenehm gewesen, aber vermutlich der Beginn einer ernst zu nehmenden geistigen Erkrankung.

An diesem Abend spielte ich lausig Rommé, da ich ständig über das Erlebte grübelte. Schließlich redete ich mir ein, das Opfer eines Wunschtraumes geworden zu sein. Merkwürdig war aber, dass ich auf meinem neuen Rock einen frischen Kaffeefleck hatte.

Etwa eine Woche später brachte mir eine Freundin einen Reisekatalog mit, um mir zu zeigen, wohin sie mit ihrer Familie im nächsten Sommer fahren wollte. „Ich lasse ihn dir hier, dann kannst du noch ein bisschen von Sonne und Strand träumen", meinte sie.

Am späten Nachmittag blätterte ich darin und entdeckte ein wunderschönes Hotel mit Meeresblick und mosaikverziertem Schwimmbad. Palmen, Orangenhaine, blühende Oleander und Bougainvillea bezauberten meine Augen, die sich nach den Farben Blau, Rot, Grün und Gelb sehnten und sie gerne gegen das Grau der Großstadt an einem Wintertag eingetauscht hätten.

Kaum dachte ich, es müsste wundervoll sein, gerade jetzt in dieser unerfreulichen Jahreszeit an eben diesem Swimming-Pool aus dem Prospekt zu liegen, als ich auch schon meine blasse Haut der Sonne aussetzte und mich wohlig in meinem neuen orangefarbenen Bikini in einem bequemen Liegestuhl rekelte, neben mir auf einem Tischchen mein Lieblingscocktail *Bloody Mary*.

Ich sah einem Paar zu, das sich verliebt im Wasser tummelte. Der junge Mann spielte Haifisch für seine Liebste und biss sie in ihre Fußzehen, was sie zu albernem Gekichere, Gekreisch und lustigen Racheattacken mit anschließenden zärtlichen Küssen veranlasste. *Die sind sicher auf Hochzeitsreise*, kam mir wehmütig in den Sinn. Wenn doch nur

Herbert hier wäre. Wie liebte er die südliche Sonne und den Ozean. Es müsste schön sein, jetzt mit ihm einen langen Strandspaziergang zu machen und gemeinsam den Sonnenuntergang zu erleben.

Mein Gott, wie die Zeit vergeht! Jetzt liege ich hier schon eine Ewigkeit, dabei habe ich heute Abend Spanisch in der Volkshochschule und meine Haare muss ich mir auch noch waschen. Ich sprang hoch und suchte den Ausgang. Zu meiner Überraschung fand ich mich in meiner Wohnstube wieder. Wie beim ersten Mal im Café waren nur wenige Minuten vergangen.

Panik überkam mich. Was, wenn ich dabei war, tatsächlich durchzudrehen? Bisher hatte ich immer gedacht, eine mental starke Frau zu sein, die mit allem fertig wird. Selbst den Tod meines Mannes, so sehr er mir auch fehlte, hatte ich nach längerer Trauerzeit verarbeitet. Hektisch suchte ich in meinem Apothekerschränkchen nach den restlichen Beruhigungstabletten, die mir mein Arzt zum kurzzeitigen Gebrauch nach Herberts Ableben verschrieben hatte.

Es versteht sich von selbst, dass ich die erlaubte Höchstdosis nahm und als Folge davon ruhig wurde. So ruhig, dass meine Freundin mich im Sprachunterricht anschubste und mir zutuschelte: „Schlaf nicht ein! Wir sind nicht mehr auf Seite 70, sondern auf 72. Wieso bist du eigentlich so rot im Gesicht? Warst du im Sonnenstudio?"

Am kommenden Sonntag wollte ich eigentlich mit meiner Schwester im Museum die kürzlich erweiterte Abteilung für Kunst des 21. Jahrhunderts besuchen. Fast täglich seit der Neueröffnung ergingen sich die Kritiker in Lobeshymnen über den gelungenen Anbau, die hervorragenden Lichtverhältnisse und den Ankauf einiger großartiger Bilder.

Ich hatte gehofft, dieses interessante Erlebnis könnte mich von meiner Angst ablenken und mich am Grübeln hindern. Bisher hatte ich mich noch niemandem anvertraut und erwog, eventuell sogar professionelle Hilfe in Anspruch zu nehmen.

Als Sybille mir kurzfristig mit verstopfter Nase und Hustenanfällen absagte, entschloss ich mich, die Vernissage alleine auf mich wirken zu lassen. Ich nahm mir fest vor, meine Emotionen im Griff zu haben, keine Sehnsüchte und Wünsche hochkommen zu lassen, um meinem aufkeimenden Wahnsinn keinen Vorschub zu leisten.

Gelassen schlenderte ich durch die weiten Hallen, beeindruckt vom Gesamtkonzept. Es ging mir hervorragend. Nichts Beängstigendes passierte. In wenigen Augenblicken würde ich diese Kunststätte verlassen, gesund an Leib und Seele, und im Museumsrestaurant eine Kalorienorgie feiern. Die Erde hatte mich wieder. Ich hatte es geschafft, den Bann zu brechen.

Nur noch dieser letzte Saal, in dem vier riesengroße Gemälde eines einzigen Künstlers hingen, die mich aber keineswegs ansprachen. Erst als ich den Abstand zu ihnen vergrößerte und mich auf die Leder bezogene Bank setzte, die genau in der Mitte des Raumes stand, erkannte ich, was der Maler darstellen wollte. Alle Bilder zeigten wunderschöne Gärten mit einer Vielfalt an Blumen, blühenden Büschen und Sträuchern. *Schade,* dachte ich, *wo sind die Menschen und die Tiere? Wenigstens ein paar Vögel hätte er malen sollen. So wirkten die Szenen wie das Paradies nach der Vertreibung von Adam und Eva. Alles was kreucht und fleucht hatte sich versteckt und war verstummt, vermutlich aus Angst, auch bestraft zu werden wie die beiden Sünder.*

Ich wollte gerade aufstehen, als ich auf einem der Gemälde ganz im Hintergrund, kaum sichtbar, einen Mann entdeckte, der mit dem Rücken zu mir auf einer Terrasse saß, die nahezu völlig von Efeu, Clematis und Rosen zugewachsen war.

Meine neuen Schuhe drückten schrecklich und während ich meine eingequetschte kleine Zehe wiederzubeleben versuchte, kam mir in den Sinn: *Wie mag er wohl von vorne aussehen, der Unbekannte im verlassenen Garten Eden?*

Da hörte ich eine Stimme: „Was machen Sie denn hier und dazu noch ohne Schuhe?" Zornige, dunkle Augen blickten mich ungnädig an.

„Ich konnte einfach nicht widerstehen", log ich. „Die herrlichen Farben haben mich magisch angezogen. Wie schaffen Sie es, dass ihr Rittersporn derart prächtig wächst?"

Das schiefe Grinsen, das sein Gesicht überzog, machte ihn ungeheuer sympathisch. „Wenn man davon absieht", meinte er, „dass es sich um einen Eisenhut und nicht um einen Rittersporn handelt, hilft eine Düngung alle zwei bis drei Wochen. Aber da Sie schon einmal hier sind, kommen Sie, ich zeige Ihnen meine Schätze."

Was dann folgte, lässt sich schwer in Worte fassen. Um es kurz zu machen, ich erlebte einen wundervollen Nachmittag. Der Garten meines erstaunlich liebenswürdigen Gastgebers war atemberaubend. Der verwilderte Teil, durch den ich eingedrungen war, stellte den Sichtschutz für die eigentliche Anlage dar, in deren Mitte eine ockerfarbene Villa stand.

Ich war beeindruckt von der Schönheit dieses Paradieses und nicht minder vom Fachwissen des Besitzers. Bei einer Tasse Tee auf einer der vielen Terrassen plauderten wir über Gott und die Welt. So beflügelt ich mich auch fühlte und obwohl ich unendlich viel Zeit hatte, glaubte ich aus Höflichkeit, endlich den Heimweg antreten zu müssen, da ich ja schon seit Stunden hier verweilte. Wir standen noch eine kleine Ewigkeit am Gartentor, als Berthold mich, wie er mich bat, ihn zu nennen, mit einem reizenden, wundervoll altmodischen Handkuss verabschiedete und mich aufforderte, unbedingt morgen wiederzukommen und übermorgen und überübermorgen, wie er lachend ergänzte.

Meine neuen Slipper standen unter der Bank, was ja auch kein Wunder war, da mein Aufenthalt wieder einmal nur wenige Minuten in Anspruch genommen hatte. Wahnsinn oder nicht, mir war es egal. Der liebe Gott oder wer auch immer hatte mir eine unglaubliche Fähigkeit, ein ganz besonderes Talent geschenkt, für das ich sehr dankbar war. Ich freute mich jedenfalls auf den nächsten Tag und war gespannt, wie die Beziehung mit meiner neuen Bekanntschaft weiterging. Vielleicht würde ich mir dann sogar eine Jahreskarte für das Museum kaufen.

Jetzt aber musste ich rasch nach Hause fahren, um die kräftig duftenden zartrosa Rosen, die mir Berthold zum Abschied geschenkt hatte, in eine Vase zu stellen.

Teuflische Spiegeleien

Es war schon seltsam, wie sich Jonny Doman verhielt. Begonnen hatte alles vor knapp zwei Wochen. Jo-Do, wie seine Freunde ihn nach dem fünften Glas Bourbon nannten, hatte wie üblich freitags nach getaner Arbeit die Kollegen und wichtigsten Angestellten seiner Anwaltskanzlei zu einem Umtrunk mit kleinem Abendessen in sein Penthaus eingeladen, das sich einige Stockwerke oberhalb der Büroräume befand.

Selbstverständlich hatte man zu erscheinen und sich gnadenlos gut zu amüsieren. Was bedeutete, dass sich die armen Burschen abfüllen lassen mussten. Arbeitsplätze waren in dieser Region ziemlich dünn gesät und der muskulöse Arm ihres durch Tennis und Golf gestählten Chefs reichte verdammt weit. Im Klartext hieß dies, mitzusaufen bis die Augen tränten, herzhaft an den richtigen Stellen über Johns Witze zu lachen und das kalte Büffet, das ein bekannter Party-Service fantasievoll und delikat angerichtet hatte, bis zum letzten Gürkchen aufzuessen, was allerdings die leichteste der Übungen war.

Ihr Boss genoss es, alles und jeden unter Kontrolle zu haben. Es machte ihm Spaß zuzusehen, wie seine Gäste zu gutmütigen Tanzbären mit Ring in der Nase mutierten, alles mit sich machen ließen, nur um ihn bei Laune zu halten und nicht ihren Job zu verlieren.

An diesem besagten Freitag vor zwei Wochen ereignete sich etwas Merkwürdiges. Wie immer war das elegante Domizil gerammelt voll, zumal sich wie so oft auch ein paar Freunde, Juristen wie er, eingefunden hatten. Jo-Do war wieder einmal in Hochform. Er hatte nach dem Gießkannenprinzip Grausamkeiten, Demütigungen und alle erdenklichen

Taktlosigkeiten über seine Lohnsklaven ausgegossen und gespannt auf deren Reaktionen gewartet. Aber alle hatten sich tapfer geschlagen, wie die Idioten gelächelt und ihre geballten Fäuste unter dem Tisch versteckt. Nur Mr Fisher, *unser Sensibelchen* wie sein Arbeitgeber grinsend meinte, war plötzlich in Tränen ausgebrochen und hatte mit schwerer Zunge, benebelt vom Alkohol, gelallt: „Wie können Sie es wagen zu behaupten, ich sei ein erbärmlicher Blindgänger, nur weil wir keine Kinder haben? Meine arme Betty hatte dreimal eine Fehlgeburt und sich davon nie mehr wirklich erholt. Sie sind ein gottverdammtes Schwein, Doman!"

„Und Sie, Fisher, sind ab Montag ein bemitleidenswerter Arbeitsloser. So, und jetzt raus mit Ihnen!"

Unter grölendem Gelächter stolperte der Gedemütigte hinaus.

„Am Montag steht er garantiert auf der Matte und fleht mich an, ihn wieder einzustellen. Er ist zwar ein Versager, aber ich habe ein weiches Herz. Mal sehen, vielleicht lasse ich mich umstimmen, wenn er lange genug auf den Knien gelegen und seine Bügelfalten strapaziert hat. Es gibt nichts Unterwürfigeres und Angepassteres als ein Mensch, über dem das Damokles-Schwert schwebt und der sich schon beim Frühstücksei zu Hause überlegt: *Werde ich längerfristig meinen Job behalten oder nicht?*

Wildes Gejohle war die Reaktion auf diese zynische Äußerung. Im Laufe des Abends fragte Bill Browing, Jonnys bester Freund: „Sag mal, seit wann hast du diesen extravaganten kleinen Spiegel neben der Gästetoilette? Dir reicht wohl der große Garderobenspiegel nicht mehr, um dein männliches Profil darin zu bewundern?"

Das war eine Frage nach Jonnys Geschmack und gab ihm die Möglichkeit, die Story in epischer Breite zu erzählen, gespickt mit Witz und

Boshaftigkeit. Die Gäste erfuhren, dass eine närrische Alte ihm diesen Spiegel gestern beim Nachhausegehen auf einem Straßenmarkt zu einem Schleuderpreis angeboten hatte, nicht wissend, dass es sich um eine Kostbarkeit des bekannten Designers und Architekten Frank Lloyd Wright aus der Zeit des Art Déco handelte.

„Stellt Euch vor," lärmte der Gastgeber, „das dumme Luder wollte mir weismachen, es handele sich um einen Spiegel mit magischen Kräften. Ich habe ihr einen größeren Schein zugesteckt und mir ihr Altweibergewäsch verbeten."

In diesem Moment klingelte das Telefon. Bill nahm auf ein Zeichen des Freundes hin den Hörer ab und lauschte einige Zeit einer erregten Stimme. „Mein Gott, das war Mrs Fisher. Ihr Mann ist, nachdem du ihn rausgeschmissen hattest, völlig kopflos in ein Auto gerannt und liegt in irgendeiner Klinik. Scheint aber nicht lebensgefährlich verletzt zu sein. Sie wollte dich informieren und fragt, ob ihr Mann über die Kanzlei ausreichend versichert ist? Du möchtest sie doch bitte zurückrufen!"

Ein Wutanfall folgte. „Den Teufel werde ich tun. Bin ich die Wohlfahrt? Wir leben hier in den USA in einem freien Land. Deshalb steht es auch jedem frei, sich zu versichern oder es zu lassen. Ich zahle Löhne für euch Flaschen, das muss reichen!"

Ein paar Gläser fielen um, als der Zornige vom Sessel aufsprang und den Salon verließ. Alle schwiegen bedrückt und verlegen. Niemand wagte ein Wort des Bedauerns für den unglückseligen Kollegen Fisher zu äußern.

Plötzlich ertönte ein fast unmenschlicher Schrei vom Gang her, aber keiner außer Johns Freunden erhob sich. Draußen fanden sie ihn mit verzerrtem Gesicht und irren aufgerissenen Augen vor seinem neuen Spiegel stehen. Speichel floss aus seinem offenen Mund.

„He, was ist los? Du siehst so aus, als sei dir der Leibhaftige begegnet", fragte Bill. Der Angesprochene, das Gesicht zu Boden gesenkt, hob seinen Blick wieder und wollte von ihm und den anderen wissen: „Schaut in den verfluchten Spiegel! Wie sehe ich aus? Was seht Ihr?"

Die drei überschlugen sich beinahe mit Antworten. „Abgesehen von deinen rot geränderten Augen – das kommt vom Whisky – siehst du aus wie immer: ein stattlicher mittelalterlicher Knabe mit grauen Schläfen, markanter Nase, kurz gesagt der Traum aller Jungfrauen ab 18. Reicht das als Antwort oder möchtest du es schriftlich haben? Hätte nie gedacht, dass der Kerl so eitel ist und uns deshalb vom Saufen abhält."

„Du hast wirklich keinen Grund, bei deinem Anblick Schreckensschreie auszustoßen. Wir werden alle älter. Ein paar Falten um die Augen sollten dich nicht so aufregen! Pudere dir die Nase, kämme dir die Locken und nimm einen zur Brust, dann ist die Welt wieder in Ordnung!"

Kopfschüttelnd verließen sie Jonny, der vorsichtig in den Spiegel blickte. Und tatsächlich, die Beschreibung seiner Freunde traf zu. Fassungslos glotzte er sich an. Noch vor wenigen Minuten hatte ihn eine Teufelsfratze, die seine Züge trug, angesehen. „Ich muss aufhören, so viel zu trinken. Ich habe ja schon Halluzinationen."

Kurz darauf befahl Jo-Do seinen Gästen recht barsch, zu verschwinden. Mit einem letzten Blick in seinen Art-Déco-Spiegel, der Entwarnung zeigte, ging er zu Bett.

Am nächste Tag hatten die Hunters zu einer Party geladen, die wie immer stinklangweilig war. Am Ende des Abends, nachdem er Molly, seine Freundin, nach Hause gebracht hatte, nahm er allen Mut zusammen und schlich wie ein geprügelter Hund zu dem extravaganten Spiegel im vorderen Flur, schaute aber nicht hinein, sondern lief hin und her. *Warum zum Teufel habe ich solche Angst und meide mein Spiegelbild wie der Teufel das Weihwasser?* überlegte John. Sein eigener Anblick verschlug ihm die Sprache. Ein gelangweilter Snob mit überheblichem Gesichtsausdruck, schief herabhängenden Mundwinkeln und spöttischem Lächeln blickte ihm entgegen. „Verschwinde, du arroganter Mistkerl!", schrie er dieses Gesicht fassungslos an. „Das bin nicht ich!"

Der Spiegel im Bad hingegen konfrontierte ihn mit dem müden Aussehen eines sympathischen Mannes in den mittleren Jahren, der einen anstrengenden Tag hinter sich hatte. *Konnte es sein, dass der neue Spiegel das wiedergab, was er wirklich dachte, während er im Badezimmer das sah, was er eigentlich sein wollte, nämlich ein charmanter Mensch, den man gerne zu Geselligkeiten einlud?* Je länger er darüber nachdachte, musste er sich eingestehen, er fand die Hunters zum Kotzen. Sie waren lächerliche ungebildete Parvenüs, die schnelles Geld gemacht hatten, großartige Feste feierten, alles und jeden kaufen konnten und ihn dadurch verdammt blass aussehen ließen, obwohl er ihnen geistig haushoch überlegen war. Allerdings stellten sie eine nicht zu verachtende Geldquelle für ihn dar. Schließlich erledigte er für diese neureichen Kretins alle juristischen Angelegenheiten. *Ich bin überreizt*, dachte Doman, *und habe wieder einmal zu viel getrunken. Morgen sehen die Welt und mein beknacktes Spiegelbild anders aus. Gute Nacht, Fratze!*

Die nächsten Tage wagte er trotz aller Selbstbeschwichtigungen nicht, den besagten Flurspiegel aufzusuchen, bis sein Freund Bill, der ihn abholen wollte, meinte: „Was ist eigentlich los mir dir? Warum flitzt du in die hinteren Räume, um einen Spiegel zu benutzen, wenn hier ein Prachtexemplar hängt? Das ist mir schon letzten Freitag seltsam vorgekommen. Es wird schon kein Teufel aus dem Spiegel springen, wenn du davorstehst und dich wie immer unwiderstehlich findest. Komm, lass uns gehen, du Kauz!"

Am nächsten Morgen war Jonny entschlossen, ein Experiment zu wagen. Wenn der Spiegel ihn mit seinen hässlichen Gedanken und Taten konfrontierte, konnte man ihn doch ganz einfach austricksen. Er ging zu einer Wohlfahrtsorganisation, übergab der ältlichen Leiterin einen Scheck in beträchtlicher Höhe für die Obdachlosen dieser Stadt, trank sich in der nächsten Kneipe mit ein paar Whisky Mut an und eilte voller Spannung zu seiner Wohnung. Er zog noch nicht einmal seinen Mantel aus, sondern stellte sich sofort vor den kleinen Spiegel.

Scheinheiligkeit, Verlogenheit, Unehrlichkeit und Selbstgefälligkeit sprangen ihn förmlich an. „Du verdammter Dreckspiegel! Alles und jeder ist käuflich und bestechlich. Warum nicht auch du? Art-Dèco-Spiegel oder nicht! Ich haue dich kaputt! Mir machst du keine Angst mehr!", tobte Doman und schlug kraftvoll mit der Faust gegen das Glas, das jedoch nicht zersplitterte. Ein schrecklicher Schmerz am Herzen, verbunden mit Todesangst ließ ihn zu Boden sinken. „Das alte Weib vom Straßenmarkt hat Recht. Dieses Höllending besitzt magische Kräfte."

Erst Stunden später ging es ihm wieder gut und er begriff, würde er den Spiegel zerstören, hätte sein letztes Stündlein geschlagen. Da kam ihm eine, wie er glaubte, geniale Idee. Jo-Do packte seine Neuerwerbung vorsichtig ein und trug sie zum Flohmarkt zurück. Er würde der miesen Hexe den dürren Hals herumdrehen, wenn sie ihre Teufelsgabe nicht mehr zurücknähme. Das Geld konnte sie behalten.

Obwohl er mehrmals an allen Ständen vorbeigelaufen war, konnte er den Tisch mit den verschiedenartigen Spiegel nicht entdecken. Deshalb sprach er einen der Verkäufer an, der eine bunte Mischung antiker Gegenstände verkaufte, und erkundigte sich nach dem Verbleib der Frau, der er sein Elend verdankte.

„Tut mir leid, da müssen Sie sich irren. Ich habe mein Geschäft hier schon seit ungefähr zehn Jahren. Es gab hier noch niemals jemanden, der ausschließlich Spiegel verkauft. Und die Frau, die Sie beschrieben haben, müsste ich doch kennen. Eine Fremde wäre mir sofort aufgefallen", erklärte der Mann ihm glaubwürdig. „Vielleicht kann ich Ihnen helfen? Was wollen Sie denn verkaufen? Zeigen Sie mal? Wenn Sie nicht zu viel verlangen, kommen wir möglicherweise ins Geschäft."

Ihn überkam ein Glücksgefühl. Er würde diesem Trottel sein Problem überlassen und endlich wieder ein freier Mensch sein. Sollte dieser Schwachkopf doch sehen, wem er das Teufelszeug andrehte und ihm damit den Schwarzen Peter zuschusterte. Sie wurden schnell handelseinig und ein glücklicher Jo-Do ging rasch in seine Kanzlei, verbreitete Angst und Schrecken und war schon fast wieder der Alte.

Einige Tage später lud er ein paar Freunde und Bekannte ein und genoss die übermütige Stimmung, die ihn seit dem Verkauf seines Spiegels nicht mehr verlassen hatte. Auf die Frage nach dessen Verbleib, antwortete er nebenbei auf dem Weg zu seiner Hausbar: „Das Ding ist vom Haken gefallen und im Müll gelandet. Ich werde mich demnächst mal nach einem Ersatz umsehen. Ich hatte fälschlicherweise angenommen, es sei ein paar hundert Dollar wert. War ein Irrtum! Nicht schade drum!"

Plötzlich überkam Jonny ein heftiger Schmerz, der seinen ganzen Körper durchzuckte und wie am Vortag in seiner Brust tobte, nur viel intensiver. Schwer atmend und schweißgebadet ließ er sich in einen Sessel fallen. Dumpf vor sich hinstarrend, keuchte er: „Jemand will meinen Spiegel zerstören! Ich werde sterben!"

Sein vom Whisky benebeltes Hirn brauchte ein paar Minuten, bis es ihm signalisierte, dass er bis zum Hals in der Scheiße steckte. Er musste diesen gottverdammten Spiegel wiederbekommen oder er konnte sein Testament machen. Es schien so, als sei er auf Gedeih und Verderben an den kleinen hübschen Art-Déco-Spiegel gebunden.

Ohne auf seine Gäste zu achten, die ihn besorgt ansahen und auf ihn einredeten, da sie alles Mögliche hinter seinem Verhalten vermuteten, angefangen von beginnendem Schlaganfall über Herzprobleme bis hin zu übergeschnappt sein, stand er abrupt auf und brüllte: „Ich muss ihn finden!"

Aufgrund der vorgerückten Stunde waren die meisten Händler des Straßenmarktes dabei, ihre Waren wegzuräumen. Mit gefährlichem Knurren baute sich Doman vor dem Mann auf, dem er seinen Teufelsspiegel verkauft hatte. Ohne lange zu fackeln, packte er den schmächtigen armen Kerl, der gerade eine wertvolle Weinkaraffe vorsichtig in Zeitungspapier wickelte, am Hemdkragen und forderte seinen Spiegel zurück. Das Kristallglas zersplitterte am Boden. „Ich habe nichts zu verlieren, Du Pfeife! Wo ist er?"

„Es tut mir leid, Sir, ich habe ihn vor einer halben Stunde an eine Dame verkauft, die noch niemals meinen Stand aufgesucht hat", war die angstvolle Antwort.

Brüllend wie ein verletztes Tier, drehte sich Jo-Do um. Die noch anwesenden Händler hatten die Szene beobachtet und näherten sich ihm mit Drohgebärden. Einer hielt tatsächlich einen Hammer in der Hand, ein anderer eine schwere Porzellanvase, sodass es John ratsam erschien, dem Zitternden mehrere große Geldscheine in die Hand zu drücken und eilig zu verschwinden.

Beim Betreten seiner Wohnung hörte er zwischen all den lauten Männerstimmen auch die von Molly. Er wollte erst in der Gästetoilette sein erhitztes Gesicht ein wenig abkühlen, bevor er wieder zu den anderen in den Salon ging und den Coolen spielte. Fassungslos starrte er auf den Platz neben der Türe. Da hing doch tatsächlich wieder sein prächtiger

Flohmarktspiegel. Mutig sah er hinein und hielt sich vor Entsetzen den Mund zu, um nicht aufzuschreien. Ein brutales, gemeines Gesicht mit blutunterlaufenen Augen starrte ihn aggressiv an. *Dir möchte ich nicht in einer dunklen Gasse begegnen*, schoss es ihm durch den Kopf.

Eine sanfte Hand legte sich auf seine Schulter und Molly, die Frau, die sich oft überlegt hatte, warum sie eigentlich bei diesem Büffel blieb, meinte: „Hallo, mein Lieber, wie gefällt dir der Spiegel? Nachdem du mir von deinem Pech mit dem wunderschönen Art Déco-Spiegel erzählt hast und ich auf einem Straßenmarkt zufällig diesen hier sah, der mich direkt ein wenig an den anderen erinnerte, dachte ich, ich kaufe ihn für dich. Er ist natürlich nicht besonders wertvoll. Ich hoffe, du freust dich trotzdem. Beinahe wäre aus meiner Überraschung nichts geworden. Er ist mir nämlich auf dem Weg hierher hingefallen, da ich so viele Einkaufstüten in der Hand hatte."

Jetzt war dem Beschenkten klar, woher die Schmerzen gekommen waren und in welch großer Gefahr er geschwebt hatte.

„Aber glücklicherweise scheint ihn der Verkäufer sehr gut eingepackt zu haben," fuhr seine Freundin fort." Ich weiß, du kannst es nicht leiden, bei deinen Herrenabenden von mir gestört zu werden. Ich gehe gleich. Ich wollte dir nur schnell mein Geschenk vorbeibringen, denn heute vor zwei Jahren haben wir uns kennengelernt. Ich bin schon still, ich weiß, du hasst Sentimentalitäten. Ich bin so gut wie weg."

Doman nahm Molly in den Arm und sagte zu der Überraschten: „Du bist das Beste, was es in meinen Leben gibt. Du hast mein Leben gerettet. Bleib bitte hier und verzeih einem alten Idioten, dass er diesen wichtigen Jahrestag vergessen hat! Morgen gehen wir zwei ganz schick essen, mein Mädchen. Und vorher suchst du dir bei dem neuen Juwelier in der City etwas irrsinnig Teures aus!"

Nachdem er seine Freundin zärtlich geküsst und die Fassungslose sachte ins Wohnzimmer geschoben hatte, atmete er tief durch und dachte bei sich: *Übermorgen werde ich mal bei Fisher vorbeischauen und ihm anbieten, wieder bei mir zu arbeiten.* Während er seine Krawatte geraderückte, blickte er in das Gesicht eines sympathischen Mannes in den mittleren Jahren. Er lächelte sein Spiegelbild an und meinte mit sich und der Welt zufrieden: „Natürlich übernehme ich auch seine Arztrechnung. So, alter Knabe, bevor du allzu heilig wirst, nimm mal ein Glas Whisky zur Brust!"

Dornröschen, schlafe 100 Jahr'!

Sie hatte ihre Augen geschlossen. Es machte ohnehin keinen Sinn, sie zu öffnen. Zum einen glaubte sie, sich daran zu erinnern, dass vor einiger Zeit jemand die Rollläden heruntergelassen hatte und zum anderen bedeutete, die Augen aufzuschlagen, ein Fenster aufzumachen. Und das wollte sie ganz bestimmt nicht. Solange sie nichts sah oder besser gesagt, niemanden anblickte, stand auf ihrer Stirn: *Zutritt verboten!* Geschlossene Fenster waren etwas Wunderbares, etwas Sicheres. Es fand vor allem keine Kommunikation statt. Erklärungen waren unnötig. Was hätte sie auch erklären sollen? Sie wusste absolut nichts.

Bedauerlicherweise gab es für sie keine Möglichkeit, die Dunkelheit auch auf ihre Ohren auszuweiten. Sich schlafend zu stellen, besaß eine gewisse Eleganz, während hören zu müssen bedeutete, mit den Ohren zu sehen. Im gleichen Augenblick, in dem sie das Gehörte in ihr Bewusstsein aufnahm, erblickte sie ein inneres Bild. Vor ihrer Türe unterhielten sich zwei Frauen. Obwohl nur Wortfetzen in die Stille ihres Zimmers geflattert waren, bemühte sich ihr Gehirn wie ein geschwätziges Weib, ihr die neuesten Informationen mitzuteilen und machte ihr klar, draußen standen nicht mehr ganz jungen Krankenschwestern, die beratschlagten, ob es Sinn mache, sich über einen Dr. Sowieso zu beschweren, der wiederholt die Hygienevorschriften nicht einhielt, dann aber resigniert beschlossen, ihre Frustration bei einer Tasse Kaffee im Speisesaal abzureagieren.

Also war sie in einem Hospital. Die Frage war nur, warum? Ihr tat nichts weh. Sie konnte ihre Gliedmaßen bewegen. Nichts war bandagiert und ihre Sinne schienen auch zu funktionieren. Während die Hände die stramme Matratze, das kalte Metallgestell des Bettes, das unvermeidliche Nachtschränkchen mit der Schublade im oberen Bereich abfühlten, fand sie ihre Vermutung bestätigt. Ihre Finger tasteten weiter. Neben ihr lag ein Kabel mit Druckschalter. Wo hatte sie so etwas schon einmal gesehen? Sie meinte, sich daran zu erinnern, dass damit ein Alarm ausgelöst wurde: *Ich habe schrecklichen Durst! Helft mir, mir ist übel! Gebt mir um Gotteswillen etwas gegen meine Schmerzen!* Oder so ähnlich lief es ab. Sie würde sich hüten, diesen Knopf zu drücken. Dann müsste sie ja die Augen öffnen und alle Fenster und Türen stünden wie bei einem Großputz offen, um Sonne, Luft, Lärm und Fragen herein zu lassen.

Plötzlich vernahm sie ein kaum hörbares Geräusch. Die Türklinke wurde vorsichtig heruntergedrückt und völlig unterschiedliche Schritte kamen auf sie zu. Sie spürte Atem im Gesicht und leichten Geruch von Zwiebeln. Eine weibliche Stimme gab eine weitere Kostprobe ihres Mittagessens ab und flüsterte: „Sie schläft noch!"

Rasierwasser näherte sich ihr, wurde stärker und ein männliches Wesen bestätigte: „Tatsächlich, sie schläft noch. Seltsam. Sie müsste längst wach sein. Stellen Sie die Obstschale hierhin!"

Zum Glück siegte der After-Shave-Duft und vertrieb den scharfen Geruch der Frau. Stille trat ein, vom leisen Schließen der Türe abgesehen.

Sie überlegte, ob sie dieses würzige Männerparfum kannte, das garantiert zu einem kultivierten Herrn gehörte, der Stimme nach zu urteilen. *Besonders besorgt hatte er aber nicht geklungen. Ob der Gentleman vielleicht ihr Ehemann war?* Sie berührte ihre rechte Hand und konnte einen breiten Ring spüren. Vielleicht handelte es sich aber auch um einen Arzt. Möglicherweise um den Menschen, der den beiden Krankenschwestern so unangenehm aufgefallen war. Vermutlich gehörte er zu der Kategorie von Ärzten, in deren Augen ständig Dollarnoten glitzerten und denen es piep egal war, ob sie wieder zu sich kam oder nicht. Dieses Mal schwieg ihr Gehirn und überließ sie ihren Mutmaßungen.

Es gehörte keine besondere Intuition dazu, zu erraten, wo die Schale stand und was sie enthielt. Eine Fülle appetitanregender Aromen regte ihren Speichelfluss an. Zusätzlich meldete sich noch ihr Magen und signalisierte, *es sei Zeit, sich wieder einmal seiner zu erinnern.* Sie glaubte, Aprikosen und frisch gepflückte Äpfel zu riechen. Und dann roch es noch nach Myrrhe. Unsinn, sie wusste ja gar nicht, wie Myrrhe roch.

Mit der rechten Hand berührte sie etwas Pelziges. Ein Pfirsich? Nein, vermutlich nicht. Jemand, der bei Verstand war, würde keine Früchte ins Krankenhaus bringen, die derart elende Flecken verursachten, die nie mehr wirklich auszuwaschen waren. Woher wusste sie das eigentlich alles? War sie eine brave, ordentliche Hausfrau, die voller Stolz ihre super weiße Wäsche auf die Leine hängte und deren Trocknungstanz beobachtete? Es schien doch eher eine Aprikose zu sein.

Das Nächste, das sie ertastete, war nun wirklich nicht schwer zu erraten: Weintrauben. Rasch steckte sie sich zwei in den Mund und war von der extremen Süße angenehm überrascht. Sie durfte nicht zu viel davon naschen, sonst verriet sie sich und einer der Weißkittel, die hier herumschwebten, oder der Gentleman würden erkennen, dass sie inzwischen aufgewacht war. Vermutlich hockten die beiden ohnehin wie Spinnen im Netz und warteten darauf, dass sie in die klebrige Falle tappte. Wahrscheinlich hatten sie die Früchte sogar abgezählt.

Eine Banane lag artig neben zwei Äpfeln. Idiotisch, kein Messer dazu zu legen. Scheinbar wurde erwartet, dass der Beschenkte wie eine Schlange seinen Unterkiefer aushängte, um sich eines der dicken runden

Dinger einzuverleiben. Es konnte unmöglich eine ihr nahestehende Person sein, die ihr die Morgengabe überbracht hatte, sonst müsste sie wissen, dass diese Obstsorten nicht zu ihren Lieblingsspeisen gehörten. Wirklich gerne mochte sie nur süße Beerenfrüchte. Es war schon erstaunlich, an was sie sich erinnern konnte. Vor einer halben Stunde hatte sie sich wie ein leeres Tagebuch gefühlt. Jetzt standen bereits auf den ersten Seiten ein paar Sätze, allerdings noch völlig ungeordnet.

Müdigkeit überfiel sie und dankbar nahm sie den Schlaf an, der ihr seine Arme entgegenstreckte. Sie fühlte sich leicht wie eine Pusteblume, die mühelos auf Reisen gehen konnte. Aber schon bald wurde die Türe aufgerissen und die schönen Bilder flogen davon. Jemand rief: „Lena, Lena, hörst du mich? Liebling, wach auf!"

Sie spürte, wie ihre Lieder flatterten, konnte aber gerade noch verhindern, dass sich ihre Augen öffneten. *Lena, war das ihr Vorname? Irgendwie passte das gar nicht zu ihr. Lena hießen Frauen, die mit beiden Beinen im Leben standen, Bananen und Äpfel liebten. Zu ihr passte Dornröschen oder Schneewittchen wie diese zarten schlafenden Wesen, die erst wach geküsst werden mussten, um wieder lebendig zu werden. Sie hatte absolut keine Lust, der Liebling dieser groben, unkultivierten Stimme zu sein, die zu dem entsetzlichen Geruch von kaltem Zigarettenrauch passte, der sich plötzlich über sie ergoss.*

Eine Weißkittelperson meinte streng: „Sie dürfen sie nicht so überfallen. Sie hat viel mitgemacht und die Narkose- und Schmerzmittel wirken auf jeden unterschiedlich."

Was hatte man mit ihr angestellt? Dieser grobe Büffel konnte unmöglich der Prinz von Dornröschen sein. Es handelte sich ganz bestimmt um eine Verwechslung, genau wie mit der Obstschale. Sie fühlte sich hervorragend. Warum ließ man sie nicht einfach in Ruhe? Dornröschen durfte doch auch 100 Jahre schlafen. Ob sie goldene Haare wie diese hatte oder eher die Farbe von Schneewittchen, schwarz wie Ebenholz? Seltsamerweise hatte sie keinen hüftlangen Zopf, sondern kurze verschwitzte Löckchen. Warum in aller Welt hatte man ihn abgeschnitten? Während sie noch darüber nachdachte, begriff sie, dass Büffel und Weißkittel den Raum verlassen hatten, aber sie würden wiederkommen. Es dauerte sicher nur wenige Minuten, Zeit genug, um wieder in ihr Paradies einzutauchen, weit weg von allem, was Ansprüche an sie stellte.

Dr. Mayen versuchte mit dem frisch gebackenen Vater zu reden: „Ich habe Ihnen wiederholt erklärt, Ihre Tochter ist gesund und entwickelt sich völlig normal. Bedauerlicherweise leidet Ihre Frau an einer Posttraumatischen Belastungsstörung, die sehr wahrscheinlich durch die schwere Geburt entstanden ist. Hinzu kommt eine sogenannte Wochenbettpsychose, etwas, das nicht sehr häufig auftritt. Wir versuchen unser Möglichstes. Im Rahmen dieser Erkrankung kommt es zur Ablehnung des Kindes bis hin zur Negierung der Mutterschaft. Durch hormonelle Umstellungen im Körper können Wahnvorstellungen und Halluzinationen entstehen. Auslöser sind auch familiäre Belastungen. Genau weiß man das nicht. Wir müssen abwarten, wie sich das Ganze entwickelt und ob Ihre Frau bereit ist, überhaupt mit uns zu reden. Im Moment verschließt sie sich völlig vor der Realität. Deshalb halte ich es nicht für eine gute Idee, wie Sie es schon einmal praktizierten, in ihr Zimmer einzudringen. Alles braucht seine Zeit. Wir haben mit dieser Art der Psychose bisher gute Heilerfolge erzielt. Geduld und Medikamente sind die Voraussetzung dafür. Ich bin absolut dagegen, dass Sie es erneut versuchen wollen. Aber bitte, wenn Sie meinen …!"

Vor ihrer Türe versammelten sich mehrere Menschen. Das Gemurmel hörte auf und nacheinander betraten drei Personen ihr Zimmer.

Unangenehme Wärme und ihr bereits bekannte Gerüche kamen wie Vorboten auf sie zu. „Liebling, öffne die Augen! Schau, wen ich dir mitgebracht habe! Er klopfte mit seiner rauen Hand gegen ihre Wange.

Irgendetwas war mit ihren Lidern nicht in Ordnung. Sie ließen sich nicht öffnen. Erst als eine parfümierte Hand ihre Augenlider anhob, war der Bann gebrochen. Der Büffel, der noch vierschrötiger aussah, als sie vermutete hatte, hielt ihr ein speckiges Baby entgegen: „Schau nur, unsere Tochter! Ist sie nicht hübsch? Sie ist meiner Mutter wie aus dem Gesicht geschnitten. Sie lässt dich herzlich grüßen und hat dir das Obst geschickt."

Ein pausbackiges Gesicht schaute sie an, nachdem sie sich ein wenig aufgerichtet hatte. Unter dem rosa Mützchen zeigte sich ein Flaum dunkler Haare. Angewidert blickte die junge Frau zur Seite und meinte energisch: „Das ist nicht mein Kind. Falls ich jemals eine Tochter haben sollte, dann hat sie goldene Locken so wie ich."

Fassungslos starrten die drei einander an und dann auf ihr zerzaustes karottenrotes Haar.

„Aber Lena, ...", versuchte ihr angeblicher Ehemann einzuwenden, wurde aber von ihr unterbrochen.

Sie ließ sich zurückfallen und bemerkte lächelnd: „Mein Name ist Dornröschen und jetzt will ich schlafen." Dann sang sie leise das Kinderlied: „Dornröschen, schlafe 100 Jahr', 100 Jahr'!..."

Beelzebub

Es war auf beiden Seiten Liebe auf den ersten Blick. Ich werde nie den Tag vergessen, als sie den Raum betrat, ihn förmlich ausfüllte mit diesem unglaublichen Lächeln, das nur mir zu gelten schien, mit dem vollen roten Haar und ihren leuchtend grauen Augen, die sie in meine grünen senkte. „Hallo", hauchte sie, „dieser schwarze Bursche ist ja atemberaubend! – Ich will dich!" Und ich wollte sie.

Wir waren beide nicht mehr ganz jung, hatten Lebenserfahrung gesammelt, Blessuren davongetragen und wussten vom ersten Augenblick an, wir würden eine teuflisch gute Beziehung haben. So nannte ich sie bald still für mich *meine schöne Hexe* und sie mich laut und oft *mein geliebter Beelzebub*. Ich hatte gehofft, wir könnten in Harmonie weiterleben, bis dass der Tod uns scheidet, aber das Schicksal schien uns eine harte Prüfung auferlegen zu wollen.

Das Nachbarhaus, in meinen Augen ein verwunschenes Dornröschenschloss mit wuchernden Hecken, wild blühenden Rosenbüschen und dunklem Efeu, war verkauft worden, nachdem es lange leer stand. Familie Saubermann, wie ich sie heimlich nannte, zog ein. Mit gnadenloser Hand wurde innerhalb weniger Wochen ein Paradies für Insekten, Mäuse und Katzen zerstört. Als Mitglied ebendieser letztgenannten Spezies, der Katzen nämlich, überkam mich heftiger Zorn. Bei den Schnurrhaaren der Heiligen Bastet schwor ich Rache.

Wo dichtes Unterholz mich einst zu morgendlichen Inspektionsgängen animierte, prangten jetzt dicke Tomaten an dürren Stöcken. Die herrlich duftende Wiese, auf der sich köstliche Eiweißhäppchen in Form von Schmetterlingen und Käfern tummelten, war jetzt ein ordentlich gehacktes Beet mit Schalotten. Meine Verachtung für diesen kulturellen Niedergang war grenzenlos.

Herr Müller-Hoppe konnte als recht angenehmer und katzenfreundlicher Mensch gelten. Seine Frau hingegen war eine echte Rassistin. Als unsere Nachbarin bei einem ersten Zaungespräch mit meiner Liebsten, die, wie Sie wahrscheinlich längst erkannt haben, zur Spezies der Menschen gehört, erfuhr, dass sie von jetzt an neben einer Katze leben musste, bekam das Frauenzimmer Atembeschwerden.

Höflich, wie ich nun einmal bin, wollte ich mich zeigen und vorstellen. Eigentlich war ich sicher, der Anblick meines blauschwarzen, in der Sonne glänzenden Fells würde sie zu einer gewissen Begeisterung veranlassen.

„Die ist ja auch noch schwarz!" röchelte sie und rannte ohne Abschied ins Haus.

Selbst oder gerade der Hinweis, „Beelzebub tut Ihnen doch nichts!", konnte die Situation nicht retten, denn bei dem Wort *Beelzebub* stieß Frau Müller-Hoppe einen heftigen Schrei aus.

Ich war fassungslos und tief verletzt. Eigentlich war ich immer sehr stolz auf mein gepflegtes und wie mein Frauchen es nannte, pantherartiges Aussehen gewesen. Heftig meinen Pelz leckend, zog ich mich zurück. Es waren viele Streicheleinheiten, Lachshäppchen und Erklärungen nötig, bis ich begriff, dass diese Idiotin abergläubisch war und schwarze Katzen für Gefährten von Teufeln und Hexen hielt.

Es brauchte Zeit, diese Demütigung zu verdauen. Da Rache kalt genossen am Bekömmlichsten ist, legte ich mich täglich, scheinbar schlafend und für die Hysterikerin zu unserer Linken unsichtbar in die warme Sonne und beobachtete über viele Wochen das Pflanzengemetzel im Nachbargarten.

Vielleicht hätte ich sogar Gnade vor Recht ergehen lassen, da wir Katzen unsere Gemütlichkeit, Ruhe und Harmonie über alles lieben. Möglicherweise wäre ich zu einem Waffenstillstand bereit gewesen, unter der Bedingung, dass drüben Ruhe und Frieden herrsche. Aber weit gefehlt. Sobald Madam meiner ansichtig wurde, warf sie mit Steinen nach mir oder schüttete heißes Wasser durch den Zaun, wobei sie mich glücklicherweise jedes Mal verfehlte.

Sie war in der Wahl ihrer Methoden nicht gerade zimperlich. Vergiftetes Fleisch und Hackfleischbällchen mit Glassplittern, gewürzt mit den übelsten Beschimpfungen gegen meine Liebste und mich wie: *Bleibt mir bloß vom Hals, du rote Hexe mit deinem Satanskater!* waren an der Tagesordnung, sobald wir uns im Garten blicken ließen.

Beschwerden beim Ehemann, wenn wir ihn einmal alleine erwischten, fruchteten absolut nichts. Auch er war ein Opfer wie wir, wurde ständig angeschrien und herumkommandiert. Sein Bedauern, verbunden mit Kraulen meines Nackens und der Äußerung: *Tut mir wirklich leid, aber meine Alte spinnt. Es wird immer schlimmer mit ihrem Aberglauben* brachte uns keine Hilfe.

Da meine Liebste inzwischen überlegte, ob sie unser Heim nicht verkaufen sollte, war mir klar, ich musste schnellstmöglich handeln. Ich hatte einen Plan, wie ich dem irren Weib das Leben zur Hölle machen konnte. Sie wollte Krieg; sie sollte ihn bekommen.

Als der Salat verlockend knackig seine jungen Köpfchen aus der lockeren braunen Erde hob, war ich an der Reihe. Ich machte meine stinkigen Häufchen dekorativ auf die grüne Pracht und harrte gespannt der Dinge, die sich aus dieser mutigen Tat ergaben. Wie zu erwarten war, stimmte Frau Saubermann eine Elegie an, schrie dann Drohungen über den Jägerzaun und verlangte schließlich Schadenersatz von meiner *Be-*

sitzerin, wie sie es nannte. Als ob man eine Katze besitzen könnte!

Meine schöne Hexe verbat sich empört derartige Unterstellungen, schwor Stein und Bein, dass ihr Liebling Derartiges nicht tut, und brüllte entgegen ihrer sonstigen sanften Art heftig zurück: „Beelzebub ist ein ungemein sauberer Kater, der stets und ohne Ausnahme seine Katzentoilette benutzt!"

Normalerweise versuchte sie, Frau Müller-Hoppe und deren Frechheiten aus dem Weg zu gehen. Aber dieses Mal flogen die Fetzen. Die heftige Diskussion wurde durch mein überraschendes Erscheinen und die dadurch verursachte Flucht unserer Nachbarin in deren Haus abrupt beendet. Ich begriff, sie war nur dann zu Gemeinheiten fähig, wenn ich schlief und sie nicht direkt anschaute. *Gut zu wissen!*

Inzwischen hatte ich erfahren, abergläubische Menschen unterstellen schwarzen Katzen, die von links nach rechts laufen, besonders negativen Einfluss. Deshalb wartete ich täglich vormittags so gegen 11 Uhr im Gebüsch auf meine Feindin, die um diese Zeit ihre Einkäufe zu tätigen pflegte. Sobald sie die Haustüre sorgfältig hinter sich abgeschlossen hätte, kreuzte ich genüsslich ihren Weg von links nach rechts, versteht sich! Schwer atmend, kaum das Schlüsselloch findend, versuchte sie, sich vor mir zu retten. Nach drei- bis viermaliger Aktion kam diesem Spiel der Charme abhanden und ich zog mich zum Mittagsschläfchen zurück.

Einige Wochen später gab ich es sogar völlig auf, da unsere Nachbarin eine gewisse Intelligenz zeigte und die Einkaufszeiten variierte. Wir gingen uns von nun an aus dem Weg. Ich ließ Frau Schwachkopf im Glauben, sie habe mich ausgetrickst. In Wirklichkeit arbeitete ich an einem teuflischen Plan, der, wenn er funktionierte, die guten alten Zeiten zurückbringen konnte.

Es dauerte unendlich lange, aber Geduld ist nun einmal eine der Haupttugenden der Felidae, der Katzen. Als Frauchen mich irgendwann darauf aufmerksam machte, dass der Kalender einen Freitag, den 13. anzeigte, überkam mich der Wunsch nach einer weiteren Portion meines köstlichen Frühstücks. Ich wusste, der Tag der Entscheidung war gekommen und ich brauchte jetzt sehr viel Kraft.

Im Nachbarhaus waren alle Rollläden heruntergelassen. Scheinbar erwartete die abergläubische Närrin Luzifer persönlich. Stundenlang tat sich nichts. Kein Fenster und keine Türe wurden geöffnet. Glücklicherweise hatte ich üppig gespeist, denn ich durfte meinen Beobachtungsposten nicht verlassen. Obwohl ich es hasse, auf meine Mahlzeiten verzichten zu müssen, blieb ich eisern. Jeder Zoll meines gestählten Körpers und alle Sinne waren in *Habachtstellung*. Auch dem Paketboten, der mehrmals klingelte, öffnete sie nicht, sondern forderte ihn durch die Sprechanlage auf: *Legen Sie das verdammte Päckchen vor die Türe und verschwinden Sie!*

Nach einer weiteren halben Stunde lugte Frau Müller-Hoppe schließlich von Neugierde geplagt, durch einen Spalt hinaus, in der Vorstellung, alle mit dem Freitag, dem 13. verbundenen fürchterlichen Erwartungen, würden über sie hereinbrechen. Da kein Blitz vom Himmel zischte und kein Donner grollend warnte, wurde sie mutig und huschte hinaus, um sich das Paket zu schnappen.

Sie hatte jedoch nicht mit Beelzebub, dem Herrn der Fliegen und Mäuse gerechnet. Ein kurzer Anlauf genügte, ein gewagter Sprung folgte und ich landete sehr unsanft auf ihrem schweißnassen Haar, ohne Einsatz der Krallen, versteht sich, und damit auch ohne Spuren auf ihrer Kopfhaut zu hinterlassen. So würde keiner je von meiner Schandtat erfahren.

Mit einem gellenden Schrei rannte sie auf die Straße, um sich schlagend, voller Angst und Entsetzen. Niemand vermochte sie zu beruhigen, weder die Nachbarn, noch Herr Müller-Hoppe, der gerade von seiner Arbeit nach Hause kam, noch die von genervten Mitmenschen herbeigerufene Polizei.

Da sie immer wieder hysterisch schrie: *Die rote Hexe hat mir den schwarzen Beelzebub geschickt!,* was bei den Meisten nur Unverständnis hervorrief, war ein Krankenwagen vonnöten. Den Sanitätern gelang es endlich, die Tobende zu bändigen.

Inzwischen sind viele wundervolle, ruhige Monate ins Land gezogen. Hecken, Efeu und Rosen wuchern wieder, auch das Gras hat sich üppig durchgesetzt. Die Tomatenstöcke sind längst umgefallen und die Salatköpfe ein Opfer gefräßig schmatzender Schnecken geworden. Unser Nachbar, ein ruhiger, katzenfreundlicher Mensch kommt regelmäßig zu einem Schwätzchen und einer Tasse Kaffee zu uns, bewundert mein blauschwarzes Fell, bringt Leckerli mit und krault mich mit liebevoller Hand, während er erzählt, dass sich seine Frau in der Psychiatrischen Klinik gut eingelebt habe, ihr verwirrter Geist sich aber gar nicht so recht erholen wolle.

Seltsamerweise scheint das Herrn Müller-Hoppe nicht allzu sehr zu bedrücken.